Gary Chapman

SCHLAFRÄUBER UND WONNEPROPPEN

Gary Chapman

Schlafräuber und Wonneproppen

Wie Kinder eine Ehe verändern

francke

Über den Autor:
Dr. Chapman ist ein international angesehener Eheberater und Autor
vieler Bestseller. In den USA leitet er landesweit erfolgreiche Ehe-Semi-
nare. Er und seine Frau Karolyn haben 2 erwachsene Kinder und leben
in North Carolina.

Bibliografische Information Der Deutschen Bibliothek
Die Deutsche Bibliothek verzeichnet diese Publikation in der
Deutschen Nationalbibliografie; detaillierte bibliografische Daten sind
im Internet über http://dnb.ddb.de abrufbar.

ISBN 978-3-86827-081-5
Alle Rechte vorbehalten
Now What? The Chapman Guide to Marriage after Children, German
© 2007 by Gary Chapman
German edition © 2009 by
Verlag der Francke-Buchhandlung GmbH
35037 Marburg an der Lahn
with permission of Tyndale House Publishers, Inc., USA
Übersetzt von Ingo Rothkirch
Satz: Verlag der Francke-Buchhandlung GmbH
Umschlaggestaltung: www.provinzglueck.com
Druck und Bindung: CPI Moravia Books, Korneuburg

www.francke-buch.de

Inhaltsverzeichnis

Einleitung

*D*ies soll kein Erziehungsbuch im engeren Sinne sein, obgleich ich hier und da auch ganz praktische Tipps für Eltern habe. Es ist auch keine umfassende Abhandlung über die Ehe, obwohl ich Paaren den einen oder anderen Rat gebe. Dieses Buch soll zuallererst eine Antwort auf die Frage geben: *Was können wir tun, damit unsere Ehe so lebendig bleibt wie vor dem ersten Kind?*

Die Idee zu diesem Buch kam mir bei einem Gespräch, das ich neulich mit einem jungen Vater führte. Bedrückt bekannte er mir: „Ich habe meine Frau verloren."

„Was meinen Sie damit?", wollte ich wissen.

„Ich habe meine Frau an das Baby verloren."

Ich forderte ihn auf, mir mehr von sich zu erzählen.

„Wie sind jetzt drei Jahre verheiratet, und anfangs waren wir sehr glücklich. Wir beide haben uns dann ein Kind gewünscht und waren uns auch einig, dass es der richtige Zeitpunkt war. Aber wenn ich gewusst hätte, dass dieses Kind unsere Ehe zerstören würde, hätte ich nie zugestimmt."

„Was meinen Sie damit: die Ehe zerstören?"

„Zwischen uns findet Ehe nicht mehr statt", antwortete er. „Bei ihr dreht sich alles nur noch um das Baby und bei mir genauso. Es ist so, als würden wir beide gar nicht mehr füreinander existieren. Wir sind Eltern geworden und auf einmal keine Eheleute mehr. Im Bett läuft gar nichts mehr. Seit das Baby kam ... vielleicht noch zwei oder drei Mal."

Ich wollte wissen, wie alt das Kind war.

„Letzte Woche ist er zwei geworden."

„Und haben Sie mit Ihrer Frau darüber gesprochen?"

„Ich habe es zumindest versucht", sagte er. „Aber es fällt mir schwer, mit ihr ins Gespräch zu kommen. Sie meint dann, ich hätte keine Ahnung, wie schwer es sei, sich um ein Kind zu kümmern und gleichzeitig berufstätig zu sein. Da habe ich ihr vorgeschlagen, eine Zeit lang zu pausieren, aber sie meinte, wir könnten nicht von einem Gehalt leben. Ich bin da anderer Auffassung, aber jede Diskussion ist zwecklos. Es hört sich vielleicht total egoistisch an, aber ich wünsche mir meine Frau zurück – und dass es wieder so wird wie vor dem Baby."

Nach diesem Gespräch war mir klar: Ich muss noch ein Buch schreiben, denn dies war beileibe kein Einzelfall. In den dreißig Jahren, in denen ich Eheseelsorge betreibe, hatte ich schon oft ähnliche Klagen gehört. Und ich wusste auch, dass die Frau dieses jungen Mannes genauso litt wie er, dass auch sie damit zu kämpfen hatte, Mutter und Ehefrau zu sein. Ich bin überzeugt, dass sich unzählige Mütter und Väter mit diesem Paar und seinen Problemen identifizieren können.

Vor Kurzem hatte ich eine Begegnung mit einer jungen Frau, die mit aufgeschlagener Bibel auf mich zukam. Ich spürte sofort, dass etwas sie ernsthaft beschäftigte. „Wann sprechen Sie mal darüber, wie Kinder eine Ehe verändern?", fragte sie.

Und ich hatte sofort das Gefühl, dass hinter ihrer allgemein gehaltenen Frage ein persönliches Anliegen steckte. „Haben Sie einen besonderen Grund, warum Sie fragen?"

„Ich verstehe da etwas nicht", antwortete sie und deutete auf eine Stelle in ihrer Bibel. „In Psalm 127 steht: *Kinder sind ein Geschenk des Herrn; wer sie bekommt, wird damit reich belohnt. Die Söhne eines jungen Mannes sind wie Pfeile in der Hand eines Kriegers. Wer viele solcher Pfeile in seinem Köcher hat, der ist glücklich zu nennen!* Das gilt aber nur für den Mann und nicht für die Frau! Ich habe geglaubt, das Kind würde uns näher zusammenrücken lassen, und wir würden beide glücklich sein. Aber genau das Gegenteil ist bei uns der Fall. Seit das Baby da ist, ist unsere Ehe kaputt."

Ich versicherte ihr, dass sie nicht allein stehe mit ihrer Verunsicherung. Viele Paare machen die Erfahrung, dass die ersten achtzehn Monate nach der Geburt eines Kindes die herausforderndste Zeit ist, die sie gemeinsam je erlebt haben. Mütter von Säuglingen fühlen sich oft alleingelassen und überfordert und auch nicht mehr begehrt von ihren Männern, weil sie sich selber so unattraktiv vorkommen. „Mein Mann begreift gar nicht, warum ich abends so müde bin. Er beklagt sich, dass ich nicht mehr wie früher Kirschkuchen backe. Ich stecke bis zum Hals in Windeln, und er jammert, weil er keinen Kirschkuchen mehr kriegt!"

Und die jungen Väter? Auch sie haben plötzlich das Gefühl, nur noch Luft für ihre Frau sein. Das Kind bekommt jetzt all die Aufmerksamkeit, die früher *ihnen* galt. Und das macht unzufrieden. „Sie hat überhaupt keine Zeit mehr für mich. Das Baby und noch mal das Baby. Und wenn ich mal abends ein bisschen mit ihr weggehen will, hat sie Angst, dem Kleinen könnte etwas passieren. Na schön, dann schlage ich halt vor, einen Film aus der Videothek zu holen. Aber da fehlt ihr dann die Muße, sich auf einen Film zu konzentrieren. Ich weiß wirklich nicht, was ich noch vorschlagen soll, damit wir mal wieder etwas gemeinsam unternehmen."

Warum sind junge Ehen so gefährdet? Weil sich ein völlig unerwartetes Konfliktpotenzial einstellt, wenn ein Kind in eine Ehe hineingeboren wird.

Ein Kind bedeutet sehr viel mehr Arbeit. Wer erledigt sie? Mama oder Papa?

Mehr Arbeit bedeutet, weniger Zeit zu haben. Wer opfert seine Zeit? Mama oder Papa?

Mehr Arbeit bedeutet mehr Einsatzwille. Wer bringt diesen auf?

Kinder bedeuten, weniger Zeit zur freien Verfügung zu haben. Wo wird in Zukunft eingespart? Mamas Hobby, Papas Hobby? An gemeinsamen Unternehmungen?

Aus der Forschung wissen wir, dass sich Mütter vor allem in den ersten sechs Monaten mit der neuen Situation auseinandersetzen müssen, wenn es akut darum geht, plötzlich mit Zeit und Energie mehr haushalten zu müssen. Die Väter dagegen fühlen sich verstärkt sechs bis achtzehn Monate nach der Geburt herausgefordert. Da wird ihnen erst so richtig bewusst, dass die Frau oft abgespannt ist, mit Zuwendung geizt und sich darüber hinaus noch sexuell zurückhält.

Aber nach achtzehn Monaten ist noch lange nicht Schluss. Da hören die Kinder nicht auf, im Leben ihrer Eltern eine entscheidende Rolle zu spielen. Tim und Evelin waren bei mir und suchten Rat wegen ihrer vierzehnjährigen Tochter. Nachdem wir kurz über deren Schulprobleme gesprochen hatten, kamen sie, wie sie zugaben, zum eigentlichen Anliegen ihres Besuchs: Ihre Ehe stand auf dem Spiel. „Sobald es um Julia geht, sind wir fast immer unterschiedlicher Meinung. Und diese Differenzen in Erziehungsfragen haben dazu geführt, dass wir uns nur noch zanken. Keiner von uns wünscht sich das, aber wir wissen nicht, wie wir da wieder rauskommen sollen."

Ich frage die Paare für gewöhnlich, wie ihre Ehe war, bevor die Kinder kamen. Und ich bekomme dann Antworten wie: „Na ja, wir haben uns auch damals schon gestritten, aber wir sind davon ausgegangen, dass wir durch das Kind eher wieder zusammenrücken."

Erwarten Sie niemals von einem Säugling, dass er Ihnen zu einer glücklicheren Ehe verhilft! Damit überfordern Sie Ihr Kind. Kinder retten keine Ehe, und sie sind auch nicht schuld, wenn es zwischen den Ehepartnern nicht stimmt.

Kindererziehung ist ein Gemeinschaftsunternehmen, das die Bereitschaft zur Kommunikation, gegenseitiges Verständnis, Liebe und Kompromissfähigkeit voraussetzt. Paare, die diese sozialen Kompetenzen nicht schon besaßen, bevor das Kind kam, verfügen nach der Geburt nicht automatisch darüber.

Aber es gibt ja auch die Paare, die bereits vor dem ersten Kind eine gute Ehe führten. Dann strengen die beiden sich an, auch noch gute Eltern zu werden, und nach fünf Jahren stellen sie fest, dass sie dabei ihre Partnerschaft vernachlässigt haben, die inzwischen nur noch öde und langweilig ist. Dieser Grauschleier legt sich allerdings nicht über Nacht auf eine Beziehung. Und er ist auch meist nicht das Resultat offener Konflikte. Es ist vielmehr die schleichende Erosion eines Vertrauensverhältnisses, weil man sich nicht mehr Zeit füreinander nimmt, weil man kaum noch miteinander spricht und sich die Liebe nicht mehr zeigt. In solchen Ehen ist der Weg zurück zu einer guten Beziehung meist nicht sehr steinig, denn das Miteinander der beiden war vorher recht stabil und ist nur durch die Routine des Alltags ausgehöhlt worden. Wenn solche Paare wieder ins Gespräch kommen und über ihren Kummer reden können, gibt es eine Kurskorrektur.

Für Paare allerdings, die schon vor den Kindern ungesunde Verhaltensmuster entwickelt hatten, ist der Weg wesentlich steiniger. Damit sich grundlegend etwas ändert, muss Folgendes in der Ehe eingeübt werden: Strategien zur Konfliktbewältigung, Gesprächsfähigkeit, Toleranz und Kompromissbereitschaft und Ausdrucksformen der Liebe, die den persönlichen Liebessprachen der Partner entsprechen. Das alles erfordert Zeit und Übung. Es ist aber, so möchte ich betonen, nie zu spät, damit anzufangen. Jedes Paar kann diese Fertigkeiten für ein gutes Miteinander lernen, wenn die Beteiligten motiviert sind.

Auch Sie selbst stellen sich vielleicht die Frage: Wie erhalten wir unsere Ehe lebendig, nun, da wir auch Kinder haben? Ich bin überzeugt, dass es auf diese Frage Antworten gibt, und ich will versuchen, sie in diesem Buch zu geben.

Ich habe mich mit Absicht kurz gefasst, weil mir bewusst ist, dass viele Paare aus Zeitmangel längere Abhandlungen scheuen. Dieses Buch können Sie in zwei Stunden durchlesen. Und nebenbei erfahren Sie, wie Sie in Zukunft Zeit gewinnen, um auch einmal ein umfangreicheres Buch zu lesen und in Ihre Ehe zu investieren. Sie werden darüber hinaus erfahren, wie Sie, auch wenn Kinder da sind, noch genügend finanziellen Spielraum haben, um das zu tun, was wirklich Wert im Leben hat. Vor allem aber sollen Sie erfahren, wie man es anstellt, das Feuer der Liebe wieder zu entfachen und gleichzeitig Elternschaft zu leben. Sie werden bei der Lektüre merken, dass Sie beileibe nicht die Einzigen sind, die auf abschüssiger Straße unterwegs sind. Andere haben es auch gelernt, wie man eine glückliche Ehe führt und gleichzeitig seinen Kindern durch eine gute Erziehung gerecht wird. Profitieren Sie von den Erfahrungen, die andere vor Ihnen gemacht haben. Am Ende eines jeden der fünf kurzen Kapitel bekommen Sie praktische Tipps, wie Sie den einen oder anderen guten Rat in Ihre ganz persönliche Lebenssituation hineinweben können.

Ich mache Ihnen ausdrücklich Mut: Sie können eine glückliche Ehe führen und gleichzeitig gute Eltern sein.

1. Wie man die Ehe zum Herzensanliegen macht

*I*rgendwann kommt in vielen Ehen der Zeitpunkt, da wird aus dem Paar eine Familie. Und später werden aus drei Personen vielleicht vier oder gar fünf. Dass Familien entstehen, ist ja auch Gottes ursprünglicher Plan seit dem Garten Eden: „Vermehrt euch, bevölkert die Erde, und nehmt sie in Besitz."[1] Sowohl die Bibel als auch die moderne soziologische Forschung belegen, dass Kinder dann am besten gedeihen, wenn liebevolle Eltern sich auf Lebenszeit aneinander binden. In der Bibel ist auch die Rede davon, dass Mann und Frau „ein Fleisch" werden sollen.[2] Und das ist ein Begriff, der engste Vertrautheit und Intimität meint. Die moderne Forschung unterstützt außerdem folgende Erkenntnis: Die allermeisten Paare heiraten, weil sie eine intime, exklusive Zweierbeziehung anstreben. Wenn nun aber die vertraute Zweierbeziehung *und* die Elternschaft zu Gottes Konzept für die Menschheit gehören, dann muss es möglich sein, beides unter einen Hut zu bekommen.

Aber seien wir ehrlich, schon das erste Kind ist imstande, eine Ehe nachhaltig zu erschüttern. Plötzlich ist da eine weitere Person im Haushalt, und sie wird auf längere Zeit dort bleiben. Zum ersten Kind gesellen sich im Lauf der nächsten Jahre womöglich

---

[1] 1. Mose 1,28.
[2] 1. Mose 2,24.

weitere, und jedes trägt dazu bei, dass sich die dynamischen Prozesse innerhalb des Familiensystems immer wieder verändern. Jemand hat einmal gesagt: „Die Entscheidung für ein Kind ist folgenschwer. Man entschließt sich, auf unbegrenzte Zeit sein Herz auf Wanderschaft zu schicken." Ich denke, Eltern mit Kindern werden wissen, was damit gemeint ist. Sie hängen ihr Herz an das Wohl ihrer Kinder. Dabei dürfen sie allerdings nicht vergessen, dass die Kinder ein Produkt ihrer gegenseitigen Liebe sind, und so müssen sie auch pfleglich mit dieser Liebesbeziehung umgehen – nicht nur zum eigenen Wohl, sondern auch den Kindern zuliebe.

Wenn Paare ihre Beziehung vernachlässigen – entweder absichtlich oder fahrlässig –, so schadet das auch dem Nachwuchs. Die Forschung belegt eindeutig, wie viel Schaden eine Scheidung bei Kindern anrichtet. Zu der kommt es allerdings nicht ohne entsprechende Vorgeschichte. Bereits Monate, wenn nicht Jahre zuvor erhält die Beziehung viel zu wenig Zuwendung. Deshalb gibt es für Eltern, denen das Glück der Familie am Herzen liegt, nichts Wichtigeres als die Pflege der vertrauten Zweierbeziehung, indem sie immer wieder neu zum Leben erweckt wird. Das Gegenmittel, das eine Scheidung verhindert, muss dem Auseinanderdriften entgegenwirken können. Seien Sie fest entschlossen, Ihre Kanus auf Parallelkurs zu halten und sie nicht allmählich auseinanderdriften zu lassen. Im letzten Kapitel dieses Buches gehe ich näher darauf ein, wie man das macht. Doch zunächst einmal muss es

Ihnen darum gehen, die Ehe zu Ihrem wichtigsten Herzensanliegen zu machen.

Was ist zu tun, damit die Ehe Priorität bei uns bekommt? Zunächst einmal heißt das, Bilanz zu ziehen und sich dafür genügend Zeit zu nehmen. In welchem Zustand ist unsere Ehe gerade? Der nächste Schritt ist die bewusste Entscheidung, dass das Wohl aller in unserer Familie das Allerwichtigste ist – und dazu muss es unserer Ehe gut gehen. Dann können wir darauf vertrauen, dass es gelingen kann, mit Gottes Hilfe Vertrautheit und Nähe in unserer Beziehung zu stärken. Die Ehe zur Priorität zu machen ist eine bewusste Entscheidung.

In einem Lied heißt es: „Liebe und Ehe sind wie Pferd und Wagen." Ich möchte diese Zeile etwas abändern: „Ehe und Elternschaft sind wie Pferd und Wagen." Pferd und Wagen existieren auch jeweils für sich. Spannt man das Pferd aus, so kann es frei auf der Weide umherspringen. Entsprechend sind Ehe und Elternschaft grundsätzlich zwei eigenständige Lebensbereiche, doch sie gelingen am besten in Kooperation.

Das Pferd, das eingespannt wird, verliert etwas von seiner Freiheit, aber es entfaltet seine Kraft für den guten Zweck. Auch den Wagen kann man ohne Pferd irgendwie einsetzen, aber wie leicht bewegt er sich, wenn er von einem Pferd gezogen wird. Das noch kinderlose Ehepaar kann völlig frei über gemeinsame Aktivitäten entscheiden und seinem Vergnügen leben. Kommt aber das erste Kind, ist die freie Entscheidung deutlich eingeschränkt. Dennoch dient der Entschluss, sich einspannen zu lassen, sowohl den Eltern als auch den Kindern.

Wer vor einen Wagen gespannt wird, verliert allerdings seine Freiheit nicht ganz. Zugpferde werden auch wieder ausgespannt und bekommen die Gelegenheit, auf der Weide herumzuspringen und zu grasen. Ein Pferd, das Tag und Nacht eingespannt bliebe, würde bald seine Lebenskraft verlieren. Und das wäre weder gut für das Pferd noch gut für den Wagen. Entsprechend ist es für Eltern kräftezehrend und frustrierend, wenn sie keine Minute mehr für sich selber haben. Das tut den Eltern nicht gut, aber genauso wenig den Kindern.

Wie das nicht eingespannte Pferd führen auch die Eltern noch ein Eigenleben, und dieses Eigenleben nennt man Ehe. Die aber gedeiht dann am besten, wenn Eltern die Zeit finden, das zu tun, was ihnen Spaß macht, und wenn sie die Zweisamkeit genießen können, um wieder Kraft für die Erziehungsaufgabe zu schöpfen.

Es wird tatsächlich immer wieder einmal darüber gestritten, ob die Kinder oder die Ehebeziehung im Vordergrund stehen sollte. Aber das ist so, als würde man darüber diskutieren, ob Wasser oder feste Nahrung wichtiger für den Körper sei. Tatsache ist, dass beides unerlässlich ist. Eltern, die nicht danach streben, das Beste für ihre Kinder zu tun, handeln verantwortungslos. Das tun sie aber auch, wenn für sie die Zweierbeziehung nicht mindestens dieselbe Priorität besitzt.

Eltern, die sich auf Kosten ihrer Kinder frei entfalten wollen, werden es später einmal bereuen. Aber auch

Paare, die ihre Ehe vernachlässigen, um alle Kraft ausschließlich in die Erziehung der Kinder zu stecken, werden eines Tages etwas zu bedauern haben.

Wenn Sie alles tun wollen, um Ihre Ehe quicklebendig zu erhalten, dann sorgen Sie dafür, dass Ihre Kinder gesund und heil aufwachsen. Auch sie werden vielleicht einmal heiraten, und deshalb sind sie auf Ihr Vorbild angewiesen. Die Kinder müssen wissen, wie eine glückliche Ehe funktioniert. Wenn Sie jedoch Ihre Ehebeziehung vernachlässigen, so mögen Sie Ihre Kinder leiblich versorgen, aber Sie versäumen es dann, ihnen soziale Kompetenzen zu vermitteln.

Es geht nicht um *entweder – oder*. Die Vernachlässigung einer Seite schadet der andern.

In meinem Buch „Die vier Jahreszeiten der Liebe"[3] beschreibe ich die unterschiedlichen Phasen in einer Ehe, indem ich sie mit den vier Jahreszeiten vergleiche:

♦ Der *Frühling* ist die Zeit des Neuanfangs in einer Ehe. Neue Verhaltensmuster werden eingeübt, und man probiert neue Formen der liebevollen Zuwendung aus. Zu den Gefühlen in dieser Phase gehören Ausgelassenheit, Zuneigung, Vertrauen, Zuversicht und Lebensfreude.

♦ Paare im *Sommer* sind sich zugetan. Verbindlichkeit, Hingabe, Zufriedenheit und Geborgenheit sind die Merkmale einer solchen Beziehung. Die gegen-

---

[3] Mehr Informationen zu diesem Thema in: *Die vier Jahreszeiten der Liebe* (Francke, Marburg)

seitige Liebe ist etwas, worauf man vertraut, und einer trägt den anderen durchs Leben.

♦ Im *Herbst* entwickeln sich die Dinge in eine unerwünschte Richtung, und das wird zum ersten Mal wahrgenommen. Ein Gefühl der Leere stellt sich ein, man beginnt, dem anderen Dinge übelzunehmen, Besorgnis stellt sich ein, vielleicht auch schon Traurigkeit, Mutlosigkeit und Verunsicherung.

♦ Im *Winter* wird es dann richtig kompliziert. Eisiges Schweigen ist Zeichen des Winters, und Stürme rütteln an den Grundfesten der Ehe. Partner, die in den Ehewinter geraten, reagieren oft unwirsch und gereizt, sprechen nur noch über ihre Enttäuschungen und ziehen sich zurück – weil das ihrer Gefühlswelt entspricht.

Vielleicht fragen Sie sich jetzt: „In welcher Jahreszeit war unsere Ehe, bevor die Kinder kamen?" Und: „In welcher Jahreszeit ist sie momentan?" Wenn Sie nicht zufrieden sind mit der gegenwärtigen Jahreszeit – was dann? Lesen Sie erst einmal weiter! In den folgenden vier Kapiteln werde ich Ihnen zeigen, wie man ganz praktisch und konkret eine glückliche Ehe bewahrt oder auch wiederherstellt – und gleichzeitig seine Kinder zu seelisch gesunden Erwachsenen erzieht.

Vom Prinzip zur Praxis

1. Indem Sie das Bild von den vier Jahreszeiten zu Hilfe nehmen, sollten Sie sich einmal Gedanken darüber machen, in welchem Zustand sich Ihre Ehe gerade befindet. Unterstreichen Sie dazu bei den aufgeführten Jahreszeiten die Begriffe, die im Augenblick am besten passen. Bitten Sie Ihren Partner, dieses Kapitel zu lesen und ebenfalls eine Standortbestimmung vorzunehmen.

2. Kommen Sie dabei zu der Erkenntnis, dass sich Ihre Ehe im Herbst mit all seinen Unwägbarkeiten oder im Winter mit seiner Kälte befindet, dann muss das nicht so bleiben! Sie und Ihr Partner können durchaus wieder den Frühling und den Sommer erleben, indem Sie einander Ihr Versagen bekennen und um Vergebung bitten.

3. Können Sie sich darauf einigen, Ihre Ehe wieder zu einem echten Herzensanliegen zu machen, ohne dabei die Kinder zu vernachlässigen? Dabei mögen Sie das Wohl der Kinder oder Ihr eigenes im Sinn haben, oder Sie wollen es Gott zum Gefallen tun. Was auch immer Sie treibt – wenn Ihre Zweierbeziehung wieder deutlich in den Mittelpunkt Ihres Interesses rückt, dann sind Sie auf dem richtigen Weg.

2. Wie man Zeit richtig einsetzt

Aus Erfahrung weiß ich, dass es einige Grund-konflikte im Familienleben gibt, die jederzeit auftauchen können. Da geht es um die Aufteilung der anfallenden Arbeit, um die Zeit, die man als Paar zusammen verbringt, Enttäuschungen im Sexualleben, die Verwaltung der finanziellen Mittel, das Bedürfnis, sich zurückzuziehen, unterschiedliche Standpunkte bei der Kindererziehung, Kommunikation in der Ehe und die Bereitschaft, an der Beziehung zu arbeiten. Es leuchtet ein, dass es Zeit kostet, sich mit all diesen Problemfeldern zu beschäftigen. Aber woher nehmen und nicht stehlen? Wir haben ja jetzt schon das Gefühl, für die tägliche Routine nicht genügend Zeit zur Verfügung zu haben. Ich denke, dass wir dort ansetzen müssen, wo dieses Problem sichtbar wird – bei unseren Termin-kalendern.

Die Zeit in den Griff zu bekommen bedeutet, erst einmal einen Prüfgang durch unsere Terminkalender zu machen – also herauszufinden, wer wann was macht. Erst mit diesem Wissen können wir dann Lösungen finden. Wenn wir die Liste der zu erledigenden Dinge abgeglichen haben, stellen sich zwei Fragen: Wer macht was? Und wann muss es erledigt werden? Viele Paare haben sich noch nie darüber Gedanken gemacht, wie sie ihre Zeit einsetzen und gemeinsam verwalten. Meistens machen sie es einfach so, wie sie es bei den eigenen Eltern gesehen haben. Das mag funktionieren

– oder auch nicht. Sollte es in der Ehe zu Reibereien kommen, ist das gemeinsame Zeitmanagement offenbar nicht effektiv genug.

Lassen Sie es den tun, der am geeignetsten ist
Manche Aufgaben innerhalb der Familie müssen nun einmal erledigt werden – vielleicht sogar regelmäßig. Der erste Schritt zur Bewältigung Ihres täglichen Arbeitsplans besteht darin, eine Liste aller täglichen oder wöchentlichen Aufgaben zu erstellen. Danach setzen Sie sich zusammen und erörtern, wer geeigneter ist, das eine oder andere zu erledigen. (Sind die Kinder noch klein, gibt es nur zwei Personen, die dafür in Frage kommen – Mutter und Vater. Je älter aber die Kinder werden, desto umfangreicher können sie in das Arbeitsteam integriert werden, damit sie spielerisch nach und nach lernen, was es heißt, ein vollgültiges Mitglied der Familie zu sein.)

Entscheidend ist, dass immer der etwas erledigt, der am geeignetsten dafür ist, damit alle Beteiligten ihre Fähigkeiten optimal zum Nutzen des Ganzen einsetzen können. So ist der Vater vielleicht ein begnadeter Koch, mäht aber den Rasen so ungleichmäßig, dass es nicht schön aussieht; wogegen die Mutter das geruhsame Hin und Her des Rasenmähens als entspannende Tätigkeit empfindet. Wenn er nun in den ersten drei Jahren der Ehe den Rasen gemäht (weil sein Vater es auch schon getan hat) und sie den Kochlöffel geschwungen hat (weil Frauen das halt tun), dann hat jeder seine jeweilige Aufgabe als lästige Pflicht empfunden. Wenn sie nun aber ihre Aufgaben tauschen, sodass er tun kann, was ihm Spaß macht, und sie, was ihr liegt, so verbrauchen sie beide längst nicht mehr so viel Energie, um sich zu überwinden, und es bleibt etwas übrig. Das steigert das Wohlbefinden.

Legen Sie fest, wann etwas erledigt sein muss
Ist erst einmal bestimmt worden, wer was je nach Vorliebe tut, besteht der zweite Schritt darin, festzulegen, wann die jeweilige Arbeit erledigt sein sollte. Auch hierfür sollte man sich zusammensetzen. Während sie den Rasen mäht, ist er bereit, drinnen bei den Kindern zu bleiben und sie, falls sie noch klein sind, zu beaufsichtigen. So könnte er in dieser Zeit die Aufgabe übernehmen, die monatlichen Überweisungen zu tätigen und dabei gleichzeitig ein Auge auf die Kleinen haben. Sind die Kinder schon größer, geht es vielleicht darum, hier und da bei den Schularbeiten zu helfen, oder er spielt mit ihnen. Ist der Vater aber zu stark beruflich eingespannt, so bleibt vielleicht etwas Geld übrig, um einen Babysitter zu engagieren, während die Mutter den Rasen mäht. Hapert es jedoch am Geld, könnte man sich mit anderen Eltern aus der Nachbarschaft zusammentun, um gegenseitig die Kinder zu beaufsichtigen. Und wenn der Vater sich bereit erklärt, dreimal in der Woche das Essen zu kochen, übernimmt sie in der Zeit die Aufgabe, den Kindern bei den Schularbeiten zu helfen. Kommt er später nach Hause, kann man eventuell auch das Essen etwas hinausschieben.

Überflüssige Aufgaben weglassen

Wenn Sie Ihre Terminkalender durchforsten, sollten Sie sich folgende Frage stellen: „Was ist eigentlich überflüssig von dem, was wir uns vornehmen?" Ich denke da an eine Frau, die vor dem Baby jeden zweiten Tag gründlich Staub gewischt hatte (weil sie es von ihrer Mutter auch so gewohnt war). Aber mit dem Kleinen im Haus bedeutete das großen Stress für sie. Als sie es dann einfach nicht mehr schaffte, fühlte sie sich als Versagerin, weil sie ihre Pflicht nicht tat. Als wir der Sache nachgingen, fanden wir heraus, dass die Mutter so oft Staub wischte, weil sie damals an einer viel befahrenen Schotterstraße wohnten und den ganzen Sommer über die Fenster offen standen. Das Haus der Tochter aber lag an einer ruhigen, gepflasterten Straße mitten im Wohngebiet und verfügt über eine Klimaanlage. Was bei ihrer Mutter notwendig war, machte für die Tochter keinen Sinn. Nach einem Gespräch mit ihrem Mann kamen die beiden überein, dass es ausreichte, einmal in der Woche den Staub zu wischen.

Wer überflüssige Arbeiten vermeidet und Zeit einspart, tut etwas für seine Ehe.

Ich erinnere mich auch an einen Mann, dessen Frau sich darüber beklagte, dass er jeden Samstag Golf spielen ging. Sein Standpunkt war: „Das ist der einzige Tag, an dem ich ausspannen kann, und Golf hilft mir dabei." Als wir die Situation näher beleuchteten, kam heraus, dass sich schon sein Vater dieses Recht herausgenommen und den Sohn angehalten hatte, es ihm gleich zu tun. Die Frau beklagte sich aber deswegen, weil nur der

Samstag als Putztag blieb, denn beide waren berufstätig. Sie machte also den Hausputz, während er sich ver-
gnügte. Und wenn er dann nach Hause kam, wollte er
Sex. Dieses Arrangement gefiel ihr verständlicherweise
gar nicht.

Erst nach einigen Seelsorgesitzungen gelangte er zu
der Erkenntnis, dass ihm die Liebe allemal wichtiger
war als sein Golf. Er fing also an, am Samstagvormittag
seiner Frau tatkräftig zur Hand zu gehen, und am Nachmittag richteten sie es so ein, dass die Kinder mit ver-
schiedenen Freizeitaktivitäten außer Haus beschäftigt
waren, sodass sie, die Eltern, gemeinsam Spaß haben
konnten. Wenn wir Zeit für Wichtiges gewinnen wollen, müssen wir auf das eine oder andere verzichten,
was uns einfach nur zur Gewohnheit geworden ist.

Auch Kinder müssen Zeit einteilen

Zeitmanagement in der Familie bedeutet auch, die Termine der Kinder mit denen der restlichen Mitglieder
abzustimmen. Sie als Eltern engen deren Kreativität
keineswegs ein, wenn Sie darauf achten, dass auch sie
lernen, ihre Zeit einzuteilen und abzustimmen. Kinder
kommen mit ihrem Leben dann am besten zurecht,
wenn sie auch Grenzen kennen. Ein Kind, dem keine
Grenzen gesetzt wurden, wird ein aufmüpfiger Teenager und ein Erwachsener, der es nie gelernt hat, Verantwortung zu übernehmen.

Mit dem Setzen von Grenzen fängt man am besten
an, indem man feste Zeiten für das Zubettgehen und

das Aufstehen festlegt. Ich wundere mich immer, wenn ich abends um zehn noch Vierjährige mit ihren Eltern im Lebensmittelmarkt antreffe. Da ist es doch kein Wunder, wenn Mutter und Vater klagen, sie hätten keine Zeit füreinander. Vierjährige sollten schon lange vor zehn im Bett liegen. Dann haben Mama und Papa wenigstens noch etwas Zeit, ein paar wichtige Dinge zu besprechen. Oder sie könnten gemeinsam ein Ehebuch lesen und dann darüber diskutieren. Dabei kann man Respekt vor den womöglich ganz anderen Vorstellungen des Partners einüben und es lernen, Kompromisse zu finden.

Sie müssen selber entscheiden, was bei Ihnen realistisch ist, aber ich meine, sieben Uhr ist die richtige Zeit fürs Zubettgehen bei Kindern, die jünger als acht sind. Danach kann man die Zeit zum Aufbleiben verlängern, aber nicht mehr als eine Viertelstunde pro Jahr. Wie immer Sie entscheiden – eine feste Zeit ist gut sowohl für die Kinder als auch für Ihre Ehe.

Aber nicht nur das Zubettgehen sollte zeitlich festgelegt werden. Es ist sinnvoll, auch für den gesamten Tagesablauf eine gewisse Grundordnung einzuführen. Bereits im Vorschulalter sollte es feste Zeiten fürs Vorlesen und für die Hilfe beim Kochen, Tischdecken, Wäschelegen und Fegen geben. Aber die Kinder sollten immer auch feste Zeiten haben, um sich zurückzuziehen und in der Stille ihre Kreativität zu fördern. Diese Zeiten, in denen sich die Kinder in ihrem Zimmer selbst beschäftigen, geben den Eltern Gelegenheit, ein Buch zu lesen, sich auszuruhen oder irgendetwas zu tun, was

Bedeutung für sie hat. Bei älteren Kindern sollte es feste Zeiten für Hausaufgaben und sonstige Pflichten geben. Es tut nicht nur Ihren Kindern gut, wenn Sie ihnen ein nicht einengendes, aber dennoch verbindliches Zeitgerüst verordnen. Auch Sie selber profitieren davon – emotional und geistlich.

Wenn die Großeltern in der Nähe leben und in Ihr Familienleben eingebunden werden wollen, dann sollten diese Kontakte ebenfalls planbar sein. Wenn die lieben Anverwandten jederzeit hereinplatzen können – und es auch regelmäßig tun –, kann das erheblich auf den Nerv gehen, weil ein geordnetes Zeitmanagement völlig aus dem Ruder läuft. Sind die Besuche aber abgesprochen, so können Sie als Eheleute diese Zeit einplanen und ausgezeichnet nutzen, um etwas für Ihre Ehe zu tun.

Zeit für sich selber reservieren

Durch Planung fällt es auch leichter, Zeit für sich selber zu reservieren – Zeit des Alleinseins. Jeder von uns braucht diese Auszeiten fernab vom Familientrubel. Das ist kein Egoismus. Niemand kann längere Zeit am Stück arbeiten, ohne seine emotionalen und körperlichen Reserven aufzubrauchen. Das schadet jeder Ehe. Man braucht die Zeit des Alleinseins, um durchatmen zu können, um wieder einmal einen Blick für die Schönheit der Natur zu bekommen und mit Gott im Gespräch zu bleiben. In dieser Zeit sollten Sie etwas tun, womit Sie auftanken oder auch entspannen. Wichtig ist nur, dass es Geist, Seele und Leib wohltut. Wenn Sie also Ihre gemeinsame Zeitgestaltung so aufeinander abstimmen, dass jeder die Gelegenheit bekommt, sich in die Stille zurückzuziehen, dann tragen Sie dazu bei, dass Ihre Ehe gesund bleibt und sich entwickelt.

Fassen wir noch einmal zusammen: Das Zeitmanagement in Ihrer Familie funktioniert dann am besten, wenn immer derjenige eine Aufgabe erfüllt, der am besten dafür geeignet ist. Dann legen Sie fest, wann etwas zu erledigen ist, wobei überflüssige Arbeiten abgeschafft werden. Sie binden auch Ihre Kinder in die Gestaltung des Familienlebens ein und sorgen dafür, dass Termine abgestimmt werden. Und schließlich reservieren Sie feste Zeiten für sich selber, um auch allein sein zu können.

All das wird Ihnen als Paar helfen, genügend Zeit zu erübrigen, um Ihr Eheleben zu bereichern. Sie werden außerdem Gelegenheit finden, Konflikte zu erörtern, sich gegenseitig liebevoll zu unterstützen und Ihre Zweisamkeit zu vertiefen.

Vom Prinzip zur Praxis

1. Fertigen Sie eine Liste an mit allen Aufgaben, die regelmäßig (täglich oder wöchentlich) zu erledigen sind. Bitten Sie Ihren Partner, das Gleiche zu tun. Dann setzen Sie sich zusammen und koordinieren, was Sie aufgeschrieben haben. Jeder nimmt sich nun ein Exemplar dieser gemeinsamen Liste und setzt die Initialen desjenigen hinter eine Aufgabe, von dem er (oder sie) meint, der Betreffende werde am besten damit zurechtkommen oder es am liebsten machen. Sind Sie der Meinung, eine Aufgabe sei für beide geeignet, schreiben Sie beide Initialen dahinter, wobei einer die Hauptverantwortung tragen sollte. Sein oder ihr Name wird unterstrichen. Setzen Sie sich noch einmal zusammen und besprechen Sie alles. Wo stimmen Sie überein, wo nicht? Bei Meinungsverschiedenheiten muss verhandelt werden. Keiner muss seine Aufgabe für immer behalten, aber man sollte auch nicht jede Woche wechseln. Vielleicht stellen Sie am Ende fest, dass sich Ihre bisherige eingefahrene Aufgabenverteilung vollkommen verändert hat.

2. Legen Sie für jede Aufgabe fest, an welchem Wochentag und zu welcher Zeit sie etwa erledigt werden sollte. Übernimmt zum Beispiel der Mann die Aufgabe, den Mülleimer hinauszutragen, so sollte feststehen, ob er es an einem bestimmten Tag morgens oder abends tut. Das verhindert, dass man sich

gegenseitig erinnert oder gar Vorhaltungen macht. Man kann einfach viel besser für sich selber planen, wenn man genau weiß, was der andere wann erledigt. Planung heißt, sich gegenseitig zu unterstützen.

3. Wenn Sie anfangen, die Kinder in ihrer Zeitplanung zu disziplinieren, werden Sie auf Widerstand stoßen, vor allem bei den älteren. Merken aber Sohn und Tochter, dass Sie es sowohl gut als auch ernst meinen, werden sie sich schnell an etwas mehr Planung in ihrem Leben gewöhnen.

4. Was soll sich bei der Gestaltung der Zeit, die Sie allein verbringen, ändern? Was wollen Sie konkret tun, um Ihre Ideen in die Tat umzusetzen?

5. Wenn Sie mehr freie Zeit für Ihren Partner übrig hätten, was würden Sie dann gern tun? Vergleichen Sie Ihre Antworten mit denen des Partners und stimmen Sie sich ab, damit so viel wie möglich davon in Erfüllung geht.

3. Wie man Geld gut verwaltet

Sie weinte herzzerreißend, und er schien die Ruhe selbst. So saßen sie bei mir im Büro. Und doch war dem Mann anzumerken, wie frustriert er war. Sieben Jahre Ehe mit zwei Kindern – und es war ein einziger Scherbenhaufen.

Er sei vor der Hochzeit ein romantischer, liebevoller und fürsorglicher Mann gewesen, berichtete sie. Doch schon kurz danach habe er sich immer mehr zurückgezogen, sei abweisend und egoistisch geworden. Sie ließ ihren Tränen freien Lauf und erzählte: „Ich hatte mir immer einen Ehemann erträumt, der mich liebt, der sich in meiner Gegenwart wohlfühlt, mit dem ich Pferde stehlen kann. Ist das zu viel verlangt? Und vor unserer Hochzeit hatte ich geglaubt, all das gefunden zu haben. Ich weiß nicht, wie das möglich ist, aber nach der Hochzeit war er wie umgewandelt – ein anderer Mann. Nach zwei Jahren kam dann unser erstes Kind. Ich hoffte, es würde uns wieder zusammenbringen, aber da hatte ich mich gründlich getäuscht. Dann das zweite Kind. Er hat damals schon etwas mehr im Haus geholfen, aber wir fanden keine Zeit mehr für uns. Wir lebten nebeneinanderher – wie eine Art Arbeitsgemeinschaft, um unsere Kinder zu erziehen. Ich liebe meine Kinder sehr, aber ich möchte auch einen Ehemann haben, mit dem ich mich unterhalten kann. Ich wünsche mir Zweisamkeit neben unserer Aufgabe, die Kinder großzuziehen."

Als ich darauf ihren Mann fragend ansah, begann er:

„Es tut mir leid, dass ich ihren Bedürfnissen nicht entsprochen habe. Finanziell war es immer eng bei uns. Ich habe zwar eine gute Arbeit, bin aber kein reicher Mann. Und dabei ist sie ganz versessen darauf, von mir beschenkt zu werden. Sie will ständig ausgehen und etwas unternehmen. Aber all das kostet einen Haufen Geld, das wir nicht haben. Ich habe immer wieder versucht, Geld zurückzulegen, damit wir ein Haus finanzieren können. Ich weiß doch, dass sie sich nicht wohlfühlt, wo wir gerade wohnen. Aber das Geld reicht hinten und vorn nicht."

Als wir später ihre finanzielle Situation analysierten, kam heraus, dass sie ein ganz durchschnittliches Familieneinkommen hatten. Das Problem war nur, dass sie ihre Prioritäten nicht aufeinander abgestimmt hatten. Er sparte jeden Cent, um Eigenkapital fürs Haus zu bilden, und neben seiner Vollzeitbeschäftigung jobbte er noch drei Abende in der Woche. Jeder Dollar, der eingespart wurde, wanderte aufs Hauskonto. Gewiss, auch sie wünschte sich ein Haus, aber noch viel wichtiger war ihr eine glückliche Ehe. War er einmal zu Hause, dann verbrachte er seine Zeit mit den Kindern oder setzte sich vor den Fernseher, um Sport zu sehen, doch um seine Frau kümmerte er sich so gut wie gar nicht. Und irgendwann war sie am Ende. Zwar wohnten sie nun in ihrem neuen Haus, aber die Stimmung war miserabel. Im Laufe unseres Gespräches stellte sich heraus, dass auch ihm die Ehe wichtiger war als das Haus, aber es war ihm wohl nicht gelungen, dies auch nach außen deutlich zu machen.

Investieren Sie Ihr Geld dort, wo Sie Prioritäten setzen

Es gibt einen einfachen Grundsatz, durch den man in einer Ehe Konflikte vermeidet, egal, wie hoch das Familieneinkommen ist: Investieren Sie Ihr Geld dort, wo Sie auch sonst Prioritäten setzen. Wenn bei Ihnen die Zweierbeziehung einen hohen Stellenwert besitzt – und Geschenke, regelmäßiges Ausgehen oder gelegentliche Kurzreisen einfach dazugehören –, dann sollten Sie nicht gerade in diesem Bereich sparen. Vielleicht kommen Sie dadurch erst ein oder zwei Jahre später zu Ihrem Haus, aber Sie haben dann wenigstens eine glückliche Ehe, mit der Sie in dieses Haus einziehen können.

Zweifellos sind Kinder kostspielig. Entscheidend ist, dass man seine finanziellen Mittel klug einsetzt. Leider geraten Eltern immer wieder unter Druck, weil sie unbedingt mit Freunden oder Nachbarn mithalten wollen, koste es, was es wolle. Sie kommen gar nicht auf die Idee, ihre eigenen, individuellen Prioritäten zu setzen.

Wenn die Ehe und das Wohl unserer Kinder einen hohen Stellenwert bei uns haben, dann gehört dort unser Geld investiert und nicht in Lifestyle-Projekte, mit denen unsere Nachbarn uns neidisch machen wollen. Wenn Sie also das Gefühl haben, das Geld reiche hinten und vorne nicht, um Ihrer Ehe Gutes zu tun, dann wird es Zeit, Ihre Einnahmen und Ausgaben auf den Prüfstand zu stellen.

Um mehr Geld für Ihre Ehe „lockermachen" zu können, gibt es eigentlich nur zwei Methoden: Entweder

Sie verringern woanders die Ausgaben oder Sie erzielen mehr Einkommen. Aber das ist natürlich leichter gesagt als getan. Die einfachere Methode ist in den meisten Fällen das Einsparen. In den folgenden Abschnitten wollen wir ein paar praktische Tipps geben, wie man das anstellt. Einige davon setzen allerdings einen grundsätzlichen Sinneswandel voraus.

Weniger ausgeben und Spaß dabei haben

Es gibt ganz verschiedene Möglichkeiten, durch reduzierte Ausgaben in die Ehe zu investieren. Bernd und Anna erzählten mir bei einem meiner Eheseminare, dass sie schon eine große Summe gespart hätten, weil sie sich dem *Second-Hand-Prinzip* verschrieben hätten. Eines Tages entschlossen sie sich, ein Experiment zu machen. Sie kamen überein, Dinge für den täglichen Gebrauch wie Kleider, Spielzeug und Schulsachen möglichst nur noch gebraucht zu erwerben. Und nach einem halben Jahr waren sie vollkommen überzeugt von der Methode.

„Es macht sogar richtig Spaß", sagte Anna. „Die Sachen, die wir kaufen, sind immer qualitativ hochwertig, und wir bekommen sie für wenig Geld."

Ein anderes Paar erzählte mir, dass sie eine noch günstigere Methode als *Second-Hand* gefunden hätten. „Wir nennen es *kostenlos kaufen*", sagte der Mann.

„Wie funktioniert das?", wollte ich wissen.

„Wir fahren am Abend, bevor Altkleider und Sperrmüll abgeholt werden, durch die Viertel der Wohlhabenden. Sie glauben gar nicht, was da alles auf der Straße liegt. Neulich lag ein Profi-Basketballkorb mit Brett und Gestänge auf der Straße. Den haben wir mitgenommen, und die Kinder waren hellauf begeistert. Anfangs hatten wir das Gefühl, etwas zu stehlen. Und da haben wir uns angewöhnt, bei den Leuten zu klingeln und zu fragen, ob wir dieses oder jenes mitnehmen dürften. Und wir haben nie erlebt, dass es uns jemand verweigert hätte.

Darüber hinaus haben wir alle Freunde und Bekannten wissen lassen, dass wir immer Interesse an gebrauchten Sachen haben – vor allem Kinderkleidung und Spielsachen. Dabei bekommen wir mehr, als wir brauchen, und dann geben wir die Sachen einfach weiter.

Und schließlich sagen wir unseren Eltern, was die Kinder brauchen oder sich wünschen. Die Großeltern schenken immer mal gern etwas, und warum sollen sie da nicht das kaufen, was wirklich benötigt wird.

Mit diesen Sparmethoden brauchen wir für die Kinder nur noch Lebensmittel einzukaufen. Und im nächsten Jahr wollen wir zusätzlich noch einen Gemüse- und Obstgarten anlegen", erzählte die Mutter mit einem Lächeln.

Eine weitere Möglichkeit zum Sparen sind natürlich die Schlussverkäufe. Meine Frau ist Expertin! Dabei geht es natürlich hauptsächlich um Kleidung. Karolyn kleidet sich gern modisch, und ich sehe sie gern in diesen Sachen. Trotzdem bezahlt sie nie den ursprünglichen Preis, weil sie konsequent die Schlussverkäufe nutzt – allerdings nicht an den ersten Tagen, sondern erst dann, wenn die erste, zweite oder dritte Reduzierung vorgenommen wurde. Neulich kam sie mit Kleidung im Wert von 399 Dollar nach Hause, und bekommen hatte sie alles für 59 Dollar. Ich liebe diese Frau, und ich liebe ihre Klugheit. Ich sagte zu ihr: „Wir können es uns gar nicht leisten, dass du arbeiten gehst, weil du dann keine Zeit mehr hättest, so viel Geld zu sparen." In der Tat sind die Ersparnisse bei den Schlussverkäufen ein gutes „Einkommen".

Mit Lebensmitteln kann man sich günstig bei den Discountern eindecken, die es wohl in jeder Stadt gibt. Warum soll man Lebensmittel woanders viel teurer einkaufen? Dort kommen die Bananen vom selben Schiff, und die sogenannten „no name-Produkte" sind oft nur umetikettierte Markenwaren. Wenn man dann noch die Sonderangebote berücksichtigt, kann man eine Menge Geld einsparen, und das kommt dem Familienbudget zugute. Da bleibt dann regelmäßig etwas übrig, um sich einen netten Abend zu zweit leisten zu können. Man kann etwas für die Ausbildung der Kinder auf die hohe Kante legen und fürs neue Haus ansparen. Entscheidend ist, dass all das, was Ihnen wichtig ist, die meiste finanzielle Zuwendung bekommt – eine glückliche Ehe und die Kinder mit ihren Bedürfnissen.

Das Einkommen erhöhen

Die zweite Möglichkeit, den finanziellen Spielraum für Zweisamkeit und Familie zu erweitern, ist die Erhöhung des Einkommens. Bequem ist es natürlich, wenn man Geld anlegen kann, um Zinsgewinne zu erzielen. Einerseits spart man, um sich später etwas leisten zu können. Und auf der anderen Seite ist die Rendite ein zusätzliches Einkommen. Das Geld arbeitet für Sie. Dieses Einkommen ist natürlich umso höher, je langfristiger Sie anlegen können – und das ist nicht gerade das Sparbuch. Aber investieren Sie nie Geld, das Sie eigentlich brauchen, nur um auf die Zinsen zu spekulieren. Spekulativ anlegen sollte man nur Geld, dessen Verlust man notfalls verkraftet. Immer wieder halten sich Paare nicht an dieses Grundprinzip und geraten dann unter erheblichen finanziellen Druck.

Das Familieneinkommen kann man natürlich auch dadurch erhöhen, dass man eine zusätzliche Arbeit annimmt. Das mag ein Teilzeitjob sein, den man zu Hause oder außerhalb ausübt. Dabei sollte man allerdings zwei wichtige Regeln beachten: Machen Sie sich ein Bild von den gestellten Anforderungen, *bevor* Sie sich auf irgendetwas einlassen. Und versuchen Sie sich möglichst konkret vorzustellen, wie sich diese zusätzliche Arbeit auf Ihr Ehe- und Familienleben auswirken würde. Vergessen Sie dabei nie, dass nicht das höhere Einkommen, sondern die glückliche Ehe Ihr eigentliches Ziel ist. Ein solcher Schritt ist nur dann empfehlenswert, wenn der Job Ihre vertraute Zweierbeziehung nicht beeinträchtigt!

Zum Schluss dieses Kapitels möchte ich noch einmal betonen, dass die besten Dinge im Leben meistens kostenlos oder günstig zu haben sind. Ich denke da an einen Sonnenuntergang am Abend oder einen Feldblumenstrauß als Geschenk. Kostenlos ist auch das goldene Laub im Oktober, der Gottesdienst am Sonntag, der gemeinsame Spaziergang und das Grillenkonzert am Abend im Garten.

Es ging mir in diesem Kapitel darum, Ihnen zu zeigen, wie man manchmal mit wenig Aufwand seine Finanzen in den Griff bekommt, sodass etwas übrig bleibt, um es regelmäßig in Ihre Ehe und Ihre Familie zu investieren.

Vom Prinzip zur Praxis

1. Wie setzen Sie Ihr Geld im Augenblick ein? So, dass es Ihrer Ehe dient oder schadet? Können Sie sich vorstellen, Ihre Ausgaben an anderen Stellen zu kürzen, um mehr in Ihre Ehe zu investieren? Welche der folgenden Möglichkeiten erscheint Ihnen am praktikabelsten?

   Im Secondhandladen kaufen
   „Kostenlos kaufen"
   Den Schlussverkauf nutzen
   Im Discounter kaufen

2. Suchen Sie das Gespräch mit Ihrem Partner und überlegen Sie sich gemeinsam eine Ausgabenstrategie für das kommende halbe Jahr.

3. Sind Sie mit Ihrem gegenwärtigen Sparplan zufrieden? Investieren Sie optimal? Was könnte man gegebenenfalls anders machen? Besprechen Sie das mit Ihrem Partner und suchen Sie gemeinsam nach besseren Strategien.

4. Ist es realistisch, dass einer von Ihnen eine zusätzliche Arbeit annimmt, um Ihr Einkommen zu erhöhen? Wie würde sich das auf Ihr Eheleben auswirken? Setzen Sie sich mit Ihrem Partner zusammen und führen Sie sich die Situation möglichst konkret vor Augen.

4. Wie man Kinder aufs Leben vorbereitet

ie Kindererziehung ist wohl das Thema, das zwischen Partnern am häufigsten zu Kontroversen führt. „Er ist zu streng", sagt die Frau. „Sie lässt viel zu viel durchgehen", sagt der Mann, und so wirft einer dem andern Versagen vor, bis man vollkommen zerstritten ist. Wenn das regelmäßig vorkommt, dann wirkt sich das negativ auf die Ehe aus. Zwar hat jeder der beiden immer nur das Wohl der Kinder im Auge, doch der Streit an sich verletzt und macht unzufrieden.

Wenn Ihnen das bekannt vorkommt, will ich Ihnen und Ihrem Partner helfen, in Zukunft in der Kindererziehung etwas mehr an einem Strang zu ziehen. Das Wort *Erziehung* hat heute einen anrüchigen Klang. Man denkt an Ohrfeigen und Standpauken. Dabei sagt uns doch der gesunde Menschenverstand, dass Kinder ein Training brauchen, um in der Welt bestehen zu können. Ohne Erziehung würde man den Kindern Schaden zufügen, und Kinder können sich noch nicht selber disziplinieren.

Das Problem ist nur, dass Eltern meist nicht dafür ausgebildet sind, ihre Kinder zu erziehen. Im Normalfall bringen sie lediglich das Vorbild ihrer Eltern mit. Wenn sie ein nachahmenswertes Vorbild in ihren Eltern haben, so werden sie sich bemühen, ihnen nachzueifern. Haben sie dagegen ein schlechtes Beispiel vor Augen, werden sie möglichst das Gegenteil tun.

Um gute Eltern zu werden, müssen wir die Grundprinzipien der Kindererziehung kennen. Die sind nicht schwer zu verstehen, und dennoch verlangen sie die Bereitschaft, eigene Verhaltensweisen zu korrigieren.

Kinder müssen sich geliebt fühlen

Die wichtigste Grundlage für eine gute Erziehung ist die Liebe von Mutter und Vater. Kinder, die sich von den Eltern nicht geliebt und angenommen fühlen, wachsen mit vielen emotionalen Defiziten auf, und ihr Verhalten spiegelt die daraus entstehenden Schäden wider. Die allermeisten Eltern haben ihre Kinder zwar lieb, aber zahllose Kinder *fühlen* sich dennoch nicht geliebt. Das Problem ist, dass es Eltern nicht gelingt, ihre Zuneigung in einer Verhaltenssprache zu vermitteln, die das Kind auch versteht.

Nach meiner Erfahrung existieren fünf Ausdrucksweisen der Liebe. Ich nenne sie *die fünf Sprachen der Liebe,* und ich möchte sie hier in aller Kürze einmal vorstellen.[4]

Lob und Anerkennung ist eine dieser Sprachen. Sie vermitteln dem Kind, wie sehr Sie es lieben, indem Sie es so oft wie möglich loben und ihm Ihre Anerkennung zeigen – und ihm Mut machen, falls es sich fürchtet. Hier ein paar Beispiele: „Ich habe dich ganz doll lieb!" – „Du kannst wirklich toll malen. Dieses Farbenspiel hast du super hingekriegt." – „Du hast mir so geholfen, weil du den Tisch schon gedeckt hast." – „Ich

---

[4] Mehr Informationen zum Thema der fünf Liebessprachen in: *Die fünf Sprachen der Liebe für Kinder* (Francke, Marburg)

habe mich übrigens riesig gefreut, dass du den Müll schon heute früh rausgetragen hast." – „So, wie du mit Papa Fußball spielst, bist du bestimmt in deiner Mannschaft ein Führungsspieler."

Eine weitere Liebessprache sind die *Handreichungen, Hilfestellungen und kleinen Liebesdienste*. Sie tun etwas für die Kinder, was sie sich immer schon gewünscht haben – ein Puppenkleid flicken, das Fahrrad reparieren, den Fußball aufpumpen, die Lieblingskekse backen oder Schwimmunterricht geben. All das kann Ausdruck von Zuneigung sein, wenn Ihr Kind gerade dies als Liebessprache versteht. Hilfestellung heißt, Dinge zu tun, die das Kind nicht selber bewerkstelligen kann.

Die dritte Liebessprache sind *Geschenke*. Es ist ein weitverbreitetes Zeichen der Zuneigung, zu schenken und sich beschenken zu lassen. Dabei möchte ich gleich betonen, dass Geschenke nicht kostspielig sein müssen. Andererseits müssen Kinder nicht alles geschenkt bekommen, was sie sich wünschen. Das wäre ein schlechter Erziehungsstil. Wenn Geschenke jedoch ein echter Ausdruck von Zuneigung und Liebe sind, kann es auch der gemaserte Stein vom Strand oder das Blümchen vom Wegesrand sein. Oft drücken gerade die einfachen Dinge aus, wie lieb man es meint.

Die vierte Liebessprache ist die *Zeit nur für den anderen – Qualitätszeit sozusagen*. Sie schenken Ihrem Kind all Ihre Aufmerksamkeit, ohne sich ablenken zu lassen. Sie unterhalten sich ausgiebig, spielen ein Spiel oder lesen vor. Entscheidend ist, dass Ihr Kind das Gefühl hat, dass es bei Ihnen gerade im Mittelpunkt steht. Sie sehen nicht nebenbei auf den Fernsehschirm oder haben das Handy am Ohr oder malen Männchen. Das Kind bekommt Ihre ungeteilte Aufmerksamkeit.

Die fünfte Liebessprache ist *Kuscheln, Streicheln und jede andere Form der liebevollen Berührung.* Das kann auch der freundschaftliche Ringkampf auf dem Teppich sein. All das zeigt: Ich habe dich lieb.

Von diesen fünf Liebessprachen spricht Ihr Kind eine als sogenannte Muttersprache der Liebe. Durch sie fühlt es sich in ganz besonderem Maß geliebt und angenommen. Diese Liebessprache sollten Sie besonders ausgiebig gebrauchen, während Sie die anderen als Zugabe wie Zuckerstreusel über dem Kuchen verteilen. Wenn Sie sich aber der primären Liebessprache Ihres Kindes zu selten oder überhaupt nicht bedienen, so fühlt es sich womöglich nicht geliebt, obwohl Sie alle anderen Sprachen durchaus einsetzen. Diese schlichte Erkenntnis hat zahllosen Eltern geholfen, ihren Kindern begreiflich zu machen, wie sehr sie geliebt werden.[5]

Kinder müssen die Grenzen kennen

Ein weiteres Fundament der Kindererziehung ist die Vermittlung von Regeln, um Grenzen kennenzulernen. Es gibt immer Dinge, die wir tun oder lieber lassen. Alle Kulturen basieren auf der Übereinkunft, sich an Gebote und Verbote zu halten. Keine Gesellschaft hät-

---

[5] Mehr Informationen zum Thema der fünf Liebessprachen in: *Die fünf Sprachen der Liebe für Kinder* (Francke, Marburg)

te ohne sie Bestand, und Kinder müssen das lernen. Und so müssen sich Eltern darüber abstimmen, welche Regeln sie bei sich zu Hause einführen wollen. Gute Regeln sind stets nachvollziehbar. Sie dienen einem Zweck, der einsichtig ist. Deshalb sollten sich Eltern bei jeder aufgestellten Regel fragen, ob sie ihrem Kind nützt und, wenn auch vielleicht nicht sofort, ob sie einsehbar ist.

Hier ein paar Fragen, die Ihnen helfen, Regeln zu beurteilen:

◆ Bewahrt diese Regel mein Kind vor Gefahren oder Schaden?
◆ Hilft diese Regel meinem Kind, positive Charaktermerkmale zu entwickeln wie Ehrlichkeit, Fleiß, Freundlichkeit, Bereitschaft zum Teilen usw.?
◆ Schützt diese Regel Eigentum?
◆ Hilft diese Regel, persönliches Eigentum zu erhalten?
◆ Lernt das Kind durch diese Regel, Verantwortung zu tragen?
◆ Lernt das Kind durch diese Regel gutes Benehmen?

Die Antworten auf diese Fragen werden Ihnen helfen, in der eigenen Familie Regeln aufzustellen, die wirklich sinnvoll sind. Es sind hier die Bereiche angesprochen, die uns als Eltern immer wieder beschäftigen. Wir wollen unsere Kinder vor Gefahr und Schaden bewahren. Wir wollen verhindern, dass unsere Kinder im Straßenverkehr überfahren oder eines Tages drogenabhängig werden. Wir wollen den Kindern Verhaltensweisen vermitteln, durch die sie Teil unserer Wertegemeinschaft werden können. Wir wollen unsere Kinder dazu erziehen, dass sie das Eigentum anderer achten (und deshalb nicht Fußball vor Nachbars Fenstern spielen). Sie sollen lernen, ihr persönliches Eigentum zu pflegen und zu erhalten (und so ist es eine einsichtige Regel, das Fahrrad über Nacht in die Garage zu stellen). Unsere Kinder sollen anderen Menschen Respekt entgegenbringen (weshalb sie die wichtigsten Benimmregeln lernen müssen).

Wir wünschen uns, dass die Kinder später einmal imstande sind, Verantwortung zu übernehmen, und wir wissen: Das müssen sie rechtzeitig lernen. Deshalb ist es eine vernünftige Regel, wenn wir von den Kindern erwarten, morgens ihr Bett zu machen oder in ihrem Zimmer staubzusaugen. Und wie sieht es mit den Benimmregeln aus? Es ist bemerkenswert, dass in den Chefetagen immer öfter von den Mitarbeitern verlangt wird, Benimmkurse zu belegen, weil flegelhaftes Benehmen überhandnimmt. Und ich bin sicher, dass die Eltern dafür verantwortlich sind. Wenn wir als Eltern überzeugt sind, dass *bitte* und *danke* das Zusammenleben einfach schöner machen, werden wir entsprechende Regeln bei uns zu Hause einführen.

Haben sich Eltern erst einmal auf bestimmte Regeln geeinigt, sind zwei wichtige Punkte zu beachten:
1. Regeln müssen den Kindern ausführlich erklärt werden. Eltern gehen oft einfach davon aus, Kinder wüss-

ten schon, warum und weshalb etwas erwartet wird. Aber das ist nicht der Fall. Die Regel selbst muss unmissverständlich vermittelt werden, und alle in der Familie müssen sie verstanden haben. Man kann von einem Kind nicht erwarten, einem Standard zu genügen, den es nicht kennt. Und je älter die Kinder werden, desto wichtiger wird es, die Regeln auch zu begründen. Sofern sie sich dann auch noch geliebt fühlen, werden sie im Normalfall den Wert von Richtlinien im täglichen Leben erkennen.

Es gibt noch einen zweiten Punkt, der zu beachten ist: *2. Die Sanktionen für gebrochene Regeln müssen bekannt und eindeutig sein.* Gehorsam lernt man, indem man Konsequenzen beim Übertreten von Regeln zu spüren bekommt. Es muss unangenehm werden, sich Geboten zu widersetzen. Am besten bespricht man die Sanktionen ausführlich mit der ganzen Familie in dem Augenblick, wenn die Regel aufgestellt wird. Das hat den Vorteil, dass das Kind von Anfang an im Bilde ist, was ihm droht, falls es sich nicht an ein Gebot hält. Außerdem bewahrt es die Eltern davor, im Streitfall aus Wut mit ihren Sanktionen über die Stränge zu schlagen. Wird vorher in Ruhe entschieden, fallen Strafen in der Regel angemessener aus.

Wenn wir festgelegt haben, dass im Haus kein Fußball gespielt wird, so müssen wir uns fragen, welche Konsequenzen es haben sollte, wenn es dennoch geschieht? Man könnte den Ball für zwei Tage im Kofferraum einschließen, und das Kind muss den möglichen Schaden von seinem Taschengeld abbezahlen. Ist

Nachbars Scheibe durch einen Ballwurf zu Bruch gegangen, muss sich das Kind zunächst persönlich entschuldigen und dann in überschaubaren Raten vom sauer verdienten Job-Verdienst für den Schaden aufkommen. Wer so etwas überstanden hat, wird kaum mehr in Fensternähe Ball spielen.

Wenn unsere Teenager beim verbotenen Rauchen erwischt wurden, mussten sie eine Spende von 25 Dollar an die *American Lung Association* überweisen. Wichtig ist, dass die Strafe möglichst irgendetwas mit der übertretenen Regel zu tun hat.

Ich werde oft gefragt, was ich von Schlägen halte. Nach meiner Erfahrung ist es meist viel effektiver, Sanktionen inhaltlich dem Vergehen anzupassen. In unserem Beispiel ist es für das Kind viel lehrreicher, wenn es sich, nachdem es eine Scheibe zertrümmert hat, bei dem Besitzer persönlich entschuldigen muss, als wenn es eine Ohrfeige kassiert. Prügel regen im Allgemeinen nicht wirklich zum Nachdenken an. Sie sind eher Ausdruck elterlicher Ratlosigkeit und mangelnder Bereitschaft, die Kinder auf kreative Weise zum Gehorsam zu erziehen.

Disziplin mit Liebe kombiniert

Wenn eine Regel übertreten wurde und die Eltern gezwungen waren, Sanktionen zu verhängen, hilft es sehr, dem Kind vor und nach der Strafaktion eine Extradosis Liebe zukommen zu lassen. Dabei ist es besonders hilfreich, die persönliche Liebessprache des Kindes zu berücksichtigen.

Nehmen wir beispielsweise an, Ihr Sohn hätte im Wohnzimmer Fußball gespielt und damit eindeutig eine Regel übertreten. Und nehmen wir weiter an, seine Liebessprache wäre *Lob und Anerkennung*. Dann könnten Sie etwa folgendermaßen reagieren: „Du weißt bestimmt, dass ich dich sehr lieb habe. Normalerweise hältst du dich auch ganz super an die Regeln hier im Haus. Ich bin ganz stolz auf dich. Wenn ich da so an deine guten Noten in der Schule denke – und was du sonst noch alles kannst. Das macht mich sehr glücklich. Aber wenn du Regeln nicht beachtest, dann – das weißt du ganz genau – musst du die Konsequenzen tragen. Deshalb nehmen wir den Ball und schließen ihn im Kofferraum ein. Da bleibt er zwei Tage. Und dann werden wir noch rauskriegen, was die Vase gekostet hat, damit du sie bezahlen kannst. Weißt du, gerade *weil* ich dich liebe, muss ich darauf achten, dass du lernst, Regeln einzuhalten." Man bringt den Kindern am besten dadurch etwas bei, dass man Disziplin in Liebe verpackt. Dann empfinden sie Strafe als faire Konsequenz ihres Verhaltens.

Vergleichen Sie diese Herangehensweise mit der sonst üblichen Reaktion: Sie hören das Scherbenklirren, stürzen ins Wohnzimmer und sehen gerade noch, wie Ihr Sohn den Fußball aus den Scherben Ihrer Lieblingsvase rettet. Dann schreien Sie: „Ich habe dir tausendmal gesagt, der Fußball hat nichts im Wohnzimmer zu suchen! Sieh mal, was du angerichtet hast! Die Vase ist noch von meiner Mutter. Dreißig Jahre alt und nicht zu ersetzen. Du benimmst dich wie ein Zweijähriger!

Ich weiß nicht, was ich mit dir jetzt machen soll. Wann kommst du endlich mal zur Vernunft? Geh mir aus den Augen!" Und dann bekommt der Junge noch im Vorübergehen einen kräftigen Klaps aufs Hinterteil.

Welche dieser zwei Erziehungsmethoden hilft dem Kind wohl eher, ein verantwortungsbewusster Erwachsener zu werden, der es gelernt hat, sich an Regeln zu halten? Ich denke, die meisten von Ihnen werden mir zustimmen, dass es für den Lernerfolg des Kindes immer noch am produktivsten ist, ihm die Regeln zu erklären, im Voraus die Sanktionen zu bestimmen und diese mit liebevollem Zuspruch anzuwenden.

Kinder müssen lernen, kluge Entscheidungen zu treffen

Beim dritten Erziehungsgrundsatz geht es um die zu entwickelnde Fähigkeit des heranwachsenden Kindes, kluge Entscheidungen für sein Leben zu treffen. Der Erfolg im Leben hängt maßgeblich davon ab, ob man imstande ist, weise und umsichtige Entscheidungen zu treffen.

Aber wie lernen die Kinder das? Es fängt alles damit an, dass man ihnen bei allen nötigen Grenzen Freiraum für Entscheidungen lässt. So könnten Sie zu Ihrer Vierjährigen sagen: „Willst du dein Dreirad vor dem Essen oder danach in die Garage stellen?" Das Kind kann sich entscheiden. Und wie es sich auch entscheidet – es liegt alles noch innerhalb der gesteckten Grenzen. Möchte es aber bis nach dem Essen warten und vergisst es dann, das Rad bis zum Abend ins Carport zu stellen, hat es die Grenzen überschritten und muss mit Konsequenzen rechnen. Das Dreirad wird zwei Tage eingeschlossen. Und sollte es über Nacht regnen, muss das Rad am nächsten Morgen mit einem Lappen abgetrocknet werden. Dabei lernt das Kind, dass es wohl vernünftiger ist, das Rad vor dem Essen unterzustellen, um es später nicht zu vergessen.

Oder beim Essen. Sie haben etwas gekocht und das Kind rümpft die Nase. „Bah, das mag ich nicht! Davon kriege ich keinen Happen runter." Kluge Eltern lassen dem Kind in diesem Fall seine Entscheidungsfreiheit. „Ist in Ordnung, Schatz. Geh raus, spielen." Kommt es dann aber am Nachmittag und möchte etwas zum Naschen, weil es Hunger hat, sollte Mutter oder Vater antworten: „Das kann ich mir vorstellen, Schatz. Du hast ja auch nichts zum Mittag gegessen. Geh also wieder spielen, Abendbrot gibt es später." Das Kind hat eine Entscheidung getroffen und muss mit den Konsequenzen leben. Beim nächsten Mal wird es sich zweimal überlegen, ob es das Mittagessen verschmäht.

Auch beim Zubettgehen gibt es Entscheidungen zu treffen. So sieht Ihr Abendritual vielleicht folgendermaßen aus: Es gibt ein Glas Milch, Zähneputzen, eine Gutenachtgeschichte, ein Gebet, ein bisschen Kuscheln und einen Gutenachtkuss. Das Kind sollte nun wissen, dass es, falls es wieder aufsteht, gewiss keine zweite Milch, keine zweite Geschichte, kein zweites Kuscheln und keinen zweiten Kuss bekommt. Es muss dann allein wieder ins Bett und sich damit begnügen. Es darf frei entscheiden, ob es noch einmal aufsteht, und es bekommt auch keine Strafe dafür, aber es muss trotzdem mit den Folgen leben. Die meisten Kinder werden schnell merken, dass der Gutenachtkuss direkt vor dem Einschlafen immer noch die bessere Wahl ist.

Bekommt das Kind wieder einmal seinen Wutausbruch, dann erinnern wir es: „Damit erreichst du gar nichts. Wenn du nicht aufhörst zu schreien und verrückt zu spielen, schick ich dich in dein Zimmer. Da kannst du dann toben. Aber du tust es nicht in meiner Gegenwart." Das Kind kann sich also immer noch entscheiden, sich mit seinem Wutanfall auszutoben – aber nicht in Gegenwart anderer. Und erfahrungsgemäß verlieren solche Anfälle schnell ihren Reiz, wenn sie keine Wirkung mehr zeigen.

Je älter die Kinder werden, desto mehr sollten sie im Haushalt mithelfen. So kann ein Vierjähriger bereits seine schmutzigen Sachen in den Wäschekorb stopfen. Und diese Mithilfe wird dem jeweiligen Entwicklungsstand des Kindes angepasst. Ist eine Aufgabe vergeben, kann sich der Betreffende die Zeit einteilen, wann sie erledigt wird. Ist dies zur verabredeten Zeit nicht geschehen, kann ein anderer aus der Familie die Arbeit machen und sich damit einen Taschengeldzuschlag auf Kosten des Säumigen verdienen. Kinder lernen schnell, wenn sie für die Folgen ihrer Entscheidungen geradestehen müssen.

Zank und Streit auf der Rückbank im Auto. Kennen Sie das? Viele Eltern resignieren frustriert. Mein Rat ist, den Kindern durchaus die Zeit zum Abreagieren zu geben – aber nicht auf dem Rücksitz! Sobald sie mit dem Zanken anfangen, gibt es einen Verweis: Nicht im Auto! Das ist die Regel. Und was droht bei Übertretung? Sie halten am Straßenrand an, die Kinder müssen aussteigen und dürfen sich draußen zanken. Sobald sie sich dann ausgetobt haben, dürfen sie wieder einsteigen. Sollte die Familie gerade auf dem Weg zum nächsten Rastplatz gewesen sein, wo Eistüten locken, können Sie sich vorstellen, wie schnell der Streit beigelegt ist. Die Eltern sind nicht frustriert, und die Kinder haben eine Lektion gelernt: Wir dürfen Entscheidungen treffen. Sind die aber blöd, müssen wir mit den Folgen leben.

Das Gleiche gilt bei den Benimmregeln. Ein Kind lernt sehr schnell, sich zu bedanken, wenn dies bei Ihnen eine Regel ist und die Konsequenz bei einem Versäumnis darin besteht, mit dem Geschenk nicht spielen zu dürfen, solange man sich nicht bedankt hat.

Sie sind bei der Oma, und die hat ein Geschenk für ihren Enkel. Nun stupsen Sie Ihr Kind aber nicht an, sondern warten ab, wie es sich verhält. Vergisst das Kind, sich zu bedanken, nehmen Sie, sobald Sie wieder zu Hause sind, das Geschenk und verwahren es in einem Schrank, und Sie erklären, dass damit erst dann gespielt werden darf, wenn die Oma eine Karte mit einem Dankeschön bekommen hat. So lernen Kinder sehr schnell, dass sich gutes Benehmen auszahlt, und sie machen die Erfahrung, wie sehr das Leben von Entscheidungen bestimmt wird. Gute Entscheidungen machen alle Beteiligten glücklicher. Schlechte Entscheidungen aber ziehen Unerfreuliches nach sich.

Wenn Sie Ihrem Kind immer wieder die Gelegenheit geben, sich innerhalb von gesteckten Grenzen für dieses oder jenes zu entscheiden, dann respektieren Sie seine Würde als Mensch. Sie erkennen an, dass Ihr Kind ein Gegenüber mit individuellen Bedürfnissen ist – und kein Roboter, der auf bloßen Befehlsgehorsam programmiert ist. Menschen besitzen die Freiheit der Entscheidung, aber jede Entscheidung wirkt sich auf den, der entscheidet, aus, und natürlich auch auf seine Mitmenschen. Das ist eine wichtige Lektion, die Kinder lernen sollten.

Und noch etwas sollten Eltern beherzigen: Drohen Sie Ihrem Kind nicht! „Wenn du das noch einmal machst, dann ... !" Manchmal wird wahr gemacht, was angedroht wurde, und ein andermal wieder nicht. Wir sollten als Eltern niemals wutentbrannt Drohungen ausstoßen, sondern durchdachte Erziehungsmaßnahmen einsetzen, die von Liebe und Zuneigung motiviert sind. Drohungen verunsichern nur, aber konsequentes Verhalten vermittelt Geborgenheit. Sanktionen sollten deshalb stets in Ruhe und Gelassenheit angewendet werden. Das sorgt auch dafür, dass die Eltern weniger frustriert ihren Erziehungsauftrag wahrnehmen können und nicht mehr in der Hitze des Gefechts überreagieren.

Eltern, die ausrasten, sind kein gutes Vorbild für ihre Kinder. Ohrfeigen aus dem Affekt und übelste Beschimpfungen wirken sich immer negativ auf die Seele des Kindes aus. Wer aber ruhig mit seinen Kindern redet und dafür sorgt, dass sie die Folgen ihrer Fehlentscheidungen zu spüren bekommen, der erzieht sie zu lebensklugen Menschen.

Die Erziehungstipps in diesem Kapitel haben schon zahllosen Eltern geholfen, mit ihren Kindern viel entspannter umzugehen und sie damit erfolgreicher zu erziehen. Und wenn dann auch noch Vater und Mutter an einem Strang ziehen, entsteht zusätzlich ein freundliches Klima in der Ehe, das das Zusammengehörigkeitsgefühl stärkt. Die Eltern fühlen sich wohl in ihrer Rolle und freuen sich über ihre Kinder. Entscheidend ist, dass Sie miteinander reden, und das allein hat schon einen positiven Effekt.

Vom Prinzip zur Praxis

1. Wenn Sie die jeweilige Liebessprache Ihrer Kinder nicht kennen, sollten Sie folgende Fragen beantworten:

   ♦ Welche der fünf Liebessprachen setzt mein Kind am häufigsten anderen gegenüber ein: *Lob und Anerkennung – Liebesdienste und Handreichungen – Geschenke – Zweisamkeit und ungeteilte Aufmerksamkeit – Zärtlichkeit und Berührungen?*
   ♦ Was davon fordert mein Kind am häufigsten ein?
   ♦ Worüber beklagt es sich am meisten?

   Mit den Antworten auf diese drei Fragen werden Sie herausbekommen, welche individuelle Liebessprache Ihr Kind vor allen anderen spricht und versteht. Wenn Sie sich mit Ihrem Partner nun auch noch verständigen, sich dieser Sprache ausgiebig zu bedienen, ohne die anderen zu vernachlässigen, dann können Sie darauf vertrauen, dass sich Ihr Kind von Ihnen geliebt fühlt.

2. Stellen Sie sicher, dass Ihr Kind die Familienregeln kennt und darüber hinaus informiert ist, mit welchen Sanktionen es bei Übertretungen rechnen muss.

   ♦ Schreiben Sie die Grundregeln des Zusammenlebens in der Familie auf, nach denen sich Ihre Kinder richten sollen. Bitten Sie den Partner, das Gleiche zu tun. (Oder Sie setzen sich von Anfang an zusammen.)
   ♦ Legen Sie fest, welche logischen Konsequenzen

sich aus einem bestimmten Fehlverhalten erge-
ben sollten.

♦ Teilen Sie diese Regeln Ihren Kindern mit und
erläutern Sie ausführlich, was sie bei Übertretungen zu erwarten haben.

♦ Bleiben Sie bei allen Sanktionen konsequent. (Es
spielt dabei keine Rolle, wer die disziplinarische
Maßnahme durchführt – Sie oder Ihr Partner.
Es ist egal, weil Sie beide dahinterstehen.)

3. Fragen Sie sich, ob Sie bisher Dinge mit Gewalt
erzwingen wollten und es daher zwischen Ihnen und
Ihren Kindern ständig zu Reibereien gekommen ist.
Wäre es nicht vielfach klüger gewesen, dem Kind
die Wahl zu lassen? Wie oft hätte das Spannungen
abgebaut, und Ihr Kind hätte außerdem gelernt,
angesichts der Konsequenzen kluge Entscheidungen
zu treffen. Ich habe eine ganze Reihe praktischer
Beispiele genannt, und Ihnen werden bestimmt noch
viele eigene einfallen. Je öfter Sie es Ihrem Kind
überlassen, Entscheidungen selber zu treffen, desto
schneller lernt es zu unterscheiden, was vernünftig
und was unvernünftig ist. Und desto harmonischer
wird sich Ihr Familienleben gestalten!

5. Wie man die Liebe lebendig erhält

Vertrautheit – das ist der Kern jeder Ehe. Man fühlt sich verbunden, geliebt, geschätzt und respektiert. Es geht um Nähe. Die spürten wir noch, als wir geheiratet haben. Und damals, als wir uns in der Anfangszeit verabredeten, haben wir da nicht stundenlang miteinander geredet? Wir hatten noch so viel Verständnis für die Gedanken und Gefühle des anderen. Wir konnten in der Seele des anderen wie in einem aufgeschlagenen Buch lesen, und das Zusammengehörigkeitsgefühl war stark. Wir waren fest davon überzeugt, füreinander bestimmt zu sein. Wir teilten unsere tiefsten Geheimnisse und glaubten felsenfest, dass wir uns immer lieben würden – komme, was da wolle.

Erinnern Sie sich noch an die Versprechen, die Sie sich damals gegeben haben? „Nichts, was du mir offen gestehst, wird meine Liebe zu dir zerstören." – „Ich gehe bis ans Ende der Welt mit dir." – „Ich will immer nur das Beste für dich, solange ich lebe." Den Mut, sich auf die Ehe einzulassen, hatten Sie, weil Sie überzeugt waren, mit diesem Partner die tiefste und innigste Beziehung zu haben, die überhaupt möglich ist.

Leider ist dieses intensive Gefühl von größter Nähe und Vertrautheit bei vielen Paaren nur eine flüchtige Erscheinung. Manchmal ist es schon vorbei, noch bevor das erste Kind kommt. Bei anderen beginnt es mit dem ersten Kind. So erzählte mir ein Mann aus seiner Ehe: „Ich weiß gar nicht, was passiert ist. Ich hatte immer gedacht, wir kämen ganz gut miteinander aus – bis das Baby kam. Von da an ging's bergab. Vor der Geburt war sie liebevoll, eine aufregende und gleichzeitig fürsorgliche Frau. Doch nach der Geburt ließ sie plötzlich kein gutes Haar mehr an mir."

Und wie sah seine Frau das? „Bevor das Baby kam, war er zuvorkommend und hilfsbereit. Ich war sein Ein und Alles. Aber danach hatte ich den Eindruck, dass ich nur noch Luft für ihn war. Ich habe versucht, ganz schnell wieder Gewicht zu verlieren, aber das schien ihn nicht zu beeindrucken. Alles andere war wichtiger als ich." Beide fühlten sich im Stich gelassen, ungeliebt und nicht mehr wertgeschätzt.

Viele Paare werden mit solchen Erfahrungen konfrontiert, und dann stellen sich die Selbstzweifel ein: „Hätten wir überhaupt heiraten sollen? Unsere Liebe ist nicht stark genug!" Und so wächst die ungestillte Sehnsucht nach der Verliebtheit der ersten Jahre.

Was viele nicht begreifen: Eine Beziehung muss gepflegt werden. Nähe und Vertrautheit sind nicht statisch und ein für alle Mal vorhanden. Intimität entsteht immer neu als Produkt unseres Verhaltens. Also wird sie mal mehr und mal weniger vorhanden sein. Und da Sie dieses Buch gerade lesen, vermute ich einmal, dass die Vertrautheit in Ihrer Beziehung im Augenblick zu wünschen übrig lässt. Sie gehören vermutlich zu denjenigen, die sich eine bessere Ehe wünschen. Aber ich möchte Ihnen Mut machen: Ihr Traum kann in Erfüllung gehen!

Nun, da Kinder im Haus sind, mag die Intimität in

Ihrer Ehe gelitten haben, aber die Gegenwart von Kindern muss Sie nicht zwangsläufig daran hindern, Vertrautheit und Nähe zu erleben. Ich habe schon erwähnt, wie wichtig es ist, sich Spielräume für die Zweisamkeit zu erobern, indem man seinen Tagesplan neu gestaltet. Auch die Finanzen können anders verwaltet werden, damit man sich Dinge leisten kann, die der Zweisamkeit zugutekommen. Und wir haben uns mit Erziehungsmethoden beschäftigt, die den Stress abbauen. Nun müssen wir nur noch den direkten Zugang zu mehr Intimität in der Ehe finden. Wie erhöht oder vermindert man diese Intimität in einer Zweierbeziehung? Was fängt man ganz konkret mit Zeit und Geld an, wenn man beides in eine Beziehung investieren möchte? Zeit und Geld an sich werden Nähe und Vertrautheit nicht herstellen können. Es kommt darauf an, wie Sie beides einsetzen. In diesem Kapitel möchte ich Ihnen drei Grundbausteine für eine vertraute Zweierbeziehung vorstellen, die es Ihnen ermöglichen, dabei gleichzeitig auch gute Eltern zu sein.

Den Schutt wegräumen

Sie haben bestimmt schon Gebäude gesehen, die durch Sturm, Feuer oder Flut zerstört worden sind. Wo früher ein intaktes Haus stand, da ist nur Schutt übriggeblieben. Und um es neu aufzubauen, muss man zuerst die Überreste des alten beseitigen. Die Fundamente werden meist noch zu gebrauchen sein, aber auf die kann man nichts Neues bauen, solange der Schutt im Weg ist.

Sollten Sie mit Ihrer Ehe den großen Sturm, die Flut oder ein Feuer erlebt haben, so mag manches zu Bruch gegangen sein, aber wahrscheinlich sind die Fundamente noch vorhanden. Da ist es dann an der Zeit, den alten Schutt wegzuräumen.

Wie aber macht man das? Zunächst einmal sollten Sie anerkennen, selber ein Teil des Problems zu sein. Die Fehler des anderen sehen wir normalerweise sehr viel deutlicher als unsere eigenen. Wenn Sie also den Schutt wegräumen, sollten Sie sich bewusst machen, dass Sie Ihren Teil zu diesem Haufen beigetragen haben. Und fragen Sie sich dann, welcher das ist. Drei Dinge sind es, die typischerweise die Vertrautheit in einer Ehe zerstören: Da ist zunächst die ständige Kritik – also das gesprochene Wort. Dann ist es das aktive Quertreiben und schließlich der Rückzug – die Gleichgültigkeit. All das zerstört das Gefühl, sich nahezustehen, sich zu lieben, sich wertzuschätzen und sich zu respektieren. Investieren Sie ein paar Augenblicke in ein Gespräch mit Gott und bitten Sie ihn darum, dass er Ihnen zeigt, auf welche Art Sie möglicherweise die Vertrautheit in Ihrer Ehe zerstört haben – durch Worte, Taten oder Rückzug. Wenn Sie ehrlich interessiert sind, wird Gott Ihnen eine Antwort geben.

Zum Aufräumen gehört auch, dem Partner Ihr Fehlverhalten zu bekennen und um Vergebung zu bitten. Sind Sie bereit, Ihrem Partner etwa Folgendes zu bekennen? „Ich weiß, dass dich mein Verhalten tief verletzt hat. Ich habe Dinge gesagt, die hässlich und unfair waren. Und ich habe dir die kalte Schulter gezeigt.

Dadurch habe ich das zerstört, was mir das Wichtigste im Leben ist – das Vertrauensverhältnis zu dir. Ich kann nicht ungeschehen machen, was ich getan habe, aber ich möchte dir zeigen, dass ich dich wirklich liebe, schätze und respektiere. Deshalb bitte ich dich, mir zu vergeben. Ich weiß, dass uns die Kinder, der anstrengende Job und die vielen Verpflichtungen erheblich belasten, aber ich bin überzeugt, dass es uns gelingen kann, wieder eine glückliche Ehe zu führen, wenn wir an einem Strang ziehen. Das wünsche ich mir so sehr." Damit haben Sie den ersten Schritt getan.

Machen Sie sich aber darauf gefasst, dass der Partner nicht so reagiert, wie Sie es erhoffen. Er oder sie ist womöglich noch gar nicht zur Vergebung und zum Schuldeingeständnis bereit. Erwarten Sie also nicht zu viel. Haben Sie Geduld. Der andere muss vielleicht erst sehen, dass Sie es ernst meinen und nicht nur ein oberflächliches „Schwamm drüber" wollen.[6]

Ihr Versprechen erneuern

Vielleicht haben Sie ja die Worte Ihres Eheversprechens längst vergessen. Oder Sie waren am Tag Ihrer Trauung so sehr vom Überschwang der Gefühle abgelenkt, dass Sie die Tragweite dieses Versprechens gar nicht bedacht haben. Es sind in der Tat bedeutungsvolle Worte, zu denen Sie zurückkehren müssen, wenn Sie Ihr Vertrauensverhältnis und Ihre Ehe erneuern wollen.

---

[6] Mehr darüber, wie man erfolgreich Schritte aufeinander zugeht, in: *Die fünf Sprachen des Verzeihens* (Francke, Marburg)

Wahre Liebe ist kein Gefühl, sondern eine Gesinnung, eine Einstellung und ein täglicher Entschluss, nach dem Wohl des anderen zu streben. Das aber heißt, stets darum bemüht zu sein, das Leben des Partners zu bereichern. Dazu müssen Sie Zeit, Mühe und Geld in das Projekt Ihrer Liebe investieren. Liebe ist also der Entschluss, füreinander da zu sein – *komme, was da wolle.*

Die Bibel erwartet von einem Ehemann, dass er seine Frau so liebt, wie „Christus seine Gemeinde liebt, für die er sein Leben gab".[7] Denken Sie daran, dass Christus die Gemeinde schon liebte, noch bevor die Gemeinde ihn liebte. Er liebte die Gemeinde, obwohl die ihn zurückwies. Und er liebte sie bis in den Tod.

Von der Ehefrau wird erwartet, dass sie ihren Mann achtet.[8] Das fällt den Frauen allerdings zunehmend schwerer in einer Gesellschaft, in der man sie ständig ermuntert, gegen ihre Männer aufzubegehren und sich selbst zu verwirklichen. Doch erst das Eingeständnis, voneinander abhängig zu sein und sich gegenseitig zu brauchen, führt zu einem echten Vertrauensverhältnis zwischen den Partnern. Es war Gottes ursprünglicher Plan, dass wir als Mann und Frau in einer innigen Zweierbeziehung miteinander leben, in der jeder das Wohl des anderen im Auge behält, um so ein erfolgreiches Team zu bilden. Das ist es, was Gott unter Ehe versteht. Und gute Elternschaft gründet auf solch einer Ehe.

---

[7] Epheser 5,25.
[8] Epheser 5,33.

Sollten Sie den Wunsch verspüren, Ihr Eheversprechen zu erneuern, so versuchen Sie doch, zu der Person Kontakt aufzunehmen, die Sie damals getraut hat. Vielleicht ist der genaue Wortlaut Ihres Versprechens noch irgendwo festgehalten. Falls Sie nichts finden, habe ich am Ende des Buches zwei gebräuchliche Texte angefügt. Aber auch an dieser Stelle möchte ich noch einmal betonen, dass Sie nicht auf ein Entgegenkommen des Partners setzen können. Womöglich sind die Verletzungen zu groß, und die Hoffnung ist geschwunden. Und so fühlt sich der Partner im Augenblick außerstande, solch ein Versprechen zu erneuern. Erwarten Sie nichts und verlangen Sie nichts. Geben Sie dem anderen Zeit, während Sie alles tun, um Ihren Sinneswandel glaubhaft zu machen.

Sorgen Sie dafür, dass sich der Partner geliebt fühlt

Es mag eine Weile dauern, bis Sie herausgefunden haben, wodurch sich der andere wirklich geliebt und angenommen fühlt. Anschließend sollten Sie das, was Sie entdeckt haben, auch noch eine Weile konsequent anwenden. Aber Sie werden damit Erfolg haben!

Nun, da Sie dem Partner Ihre eigenen Fehler aus der Vergangenheit bekannt und Ihr Eheversprechen erneuert haben, sind Sie bereit für folgende Frage: „Wie du weißt, möchte ich alles tun, um die Frau / der Mann zu werden, die/den du verdienst. Wie kann ich ganz konkret schon heute Abend dazu beitragen?" Was immer der Partner jetzt vorschlägt – erfüllen Sie seinen Wunsch, soweit es irgend möglich ist. Und schreiben Sie die Wünsche in ein Notizbuch. Zum Beispiel:

♦ Sie freut sich, wenn ich die Handtücher zusammenlege, die noch von heute Morgen zerknäuelt im Bad liegen.

♦ Er freut sich, wenn ich ihm den Rücken massiere. Am nächsten Abend fragen Sie wieder: „Was kann ich konkret tun, um dir eine Freude zu machen?" Sie erfüllen den Wunsch wie am Abend davor und schreiben es auf. So lernen Sie auf ganz unkomplizierte Weise, wie Sie Ihren Partner glücklich machen.

Später wechseln Sie dann Zeit und Ort für Ihre Fragen. So sagen Sie auf dem Weg zum Gottesdienst: „Wir gehen jetzt schon eine Ewigkeit gemeinsam zur Gemeinde, und da möchte ich dich einfach mal fragen: Was könnte ich dort tun, damit du dich noch wohler fühlst?" Erfüllen Sie den Wunsch und schreiben Sie ihn in Ihr Notizbuch.

♦ Sie fände es schön, wenn ich sie nach dem Gottesdienst mit Leuten reden lassen würde, ohne sie gleich immer am Ärmel zu zupfen und zur Heimfahrt zu drängen.

♦ Er fände es schön, wenn ich öfter mal neben ihm sitzen würde und nicht immer im Chor.

Die Bereitschaft, sich auf die Wünsche des anderen einzulassen und dabei auch mal ein Opfer zu bringen – das ist es, was die Vertrautheit in einer Ehe wachsen lässt.

Wenn sich die Atmosphäre in Ihrer Beziehung allmählich verbessert, sollten Sie folgende Frage stellen: „Was könnte ich tun, um ein besserer Ehemann (eine bessere Ehefrau) für dich zu werden?" Mit dieser Frage erweitern Sie das Spektrum. Die Zahl der möglichen Antworten wird größer, weil sie alle Lebensbereiche betreffen können. Mit allem, was der Partner jetzt äußert, erhalten Sie wertvolle Informationen darüber, wie Sie dem anderen so Ihre Zuneigung zeigen können, dass es unmissverständlich und glaubhaft ist. Erfüllen Sie die Wünsche und schreiben Sie alles auf. Nun sind Sie endgültig auf dem richtigen Weg.

Wie schon erwähnt: Nicht jeder Partner wird sich darauf einlassen. So fragen Sie vielleicht: „Was kann ich dir heute Abend Gutes tun?", und der andere antwortet: „Wenn ich es dir erst sagen muss, bedeutet es mir nichts." Oder: „Ich will gar nicht, dass du mir hilfst. Hauptsache, du lässt mich in Ruhe." Solche Antworten offenbaren, dass der Partner durch die fehlende Intimität in der Ehe tief verletzt und emotional ausgebrannt ist. Der andere ist nicht sonderlich motiviert, sich auf Experimente mit Ihnen einzulassen, denn er wagt nicht zu hoffen, dass Sie es diesmal ernst meinen.

Aber die Tatsache, dass Ihr Mann oder Ihre Frau jede Hoffnung verloren hat, bedeutet ja nicht, dass auch Sie aufgeben müssen. Es gibt noch eine weitere Möglichkeit, herauszufinden, wodurch sich der Partner geliebt und geschätzt fühlt: Achten Sie einmal darauf, worüber er oder sie sich regelmäßig beklagt.

Halten Sie Rückschau und fragen Sie sich: „Worüber hat sich mein Partner im Lauf der Jahre wiederholt beklagt? Womit hat er mir ständig in den Ohren gelegen?" Wenn er es tat, hat es Ihnen regelmäßig zu schaffen gemacht, und Sie haben sich darüber geärgert. Dennoch haben Sie dadurch wertvolle Hinweise bekommen. Der Partner hat nämlich signalisiert, wodurch er sich geliebt und geschätzt fühlt. Und wenn Sie diese Hinweise deuten können, eröffnet sich Ihnen eine ganz neue Sicht ins Seelenleben Ihres Partners.

Ich denke da an einen Mann, der, nachdem er diesen Tipp ausprobiert hatte, zu mir sagte: „Plötzlich fiel es mir wie Schuppen von den Augen. In den Anfangsjahren unserer Ehe lag sie mir ständig in den Ohren, weil ich den Abfall nicht jeden Abend zur Mülltonne trug. Ich fand es besser, den Eimer in der Küche erst dann zu leeren, wenn er voll war. Irgendwann hat sie es dann selber gemacht. Inzwischen ist mir klar geworden, dass ich damit eine Gelegenheit verpasst habe, ihr meine Liebe zu zeigen. Also habe ich mittlerweile angefangen, den Müll jeden Abend nach dem Essen hinauszutragen. Auch hat sie sich ständig beschwert, dass ich ihr Auto nicht gleich mit aussaugte, wenn ich es bei meinem Wagen tat. Ich war der Meinung, dass ihr Auto es gar nicht nötig hatte, so oft ausgesaugt zu werden. Jetzt ist mir klar geworden, dass meine Hilfe für sie ein Zeichen meiner Zuneigung gewesen wäre. Und inzwischen habe ich angefangen, ihren Wagen mitzuputzen, wenn ich meinen sauber mache. Es sind mir noch weitere Dinge eingefallen, die sie kritisiert hat, und ich habe mich darauf eingestellt. Nach etwa einem Vierteljahr sagte sie dann zu mir: ‚Was ist denn mit dir los? Du hast dich so verändert!' Worauf ich erwiderte: ‚Erinnerst du dich, als ich dir sagte, mir würde alles leidtun, was ich in der Vergangenheit falsch gemacht hätte? Ich wolle der Ehemann werden, den du verdienst. Daran habe ich gearbeitet. Mir ist klar geworden, dass du viel mehr verdienst, als ich dir in all den Jahren gegeben habe, und ich beabsichtige, es dir von nun an zu schenken.' Sie sagte damals kein Wort dazu, aber nach etwa einem Monat kam sie noch einmal auf unser Gespräch zurück: ‚Ich wollte erst gar nicht glauben, was du gesagt hast, aber inzwischen tut es mir wieder richtig gut, dich an meiner Seite zu haben. Du bist wieder der Mann, den ich geheiratet habe. Ich hoffe nur, dass es nicht nur ein schöner Traum ist.'"

Mein Gesprächspartner fuhr fort: „Von dem Tag an war die Atmosphäre in unserer Ehe wie umgewandelt, und ihr fällt immer irgendetwas ein, wenn ich sie abends frage, was ich ihr Gutes tun könne. Jeden Abend nennt sie mir etwas, und ich tue es für sie. Und nach einiger Zeit fragte sie mich, was sie für mich tun könne, um mir das Leben zu verschönern. An dem Tag habe ich mich wieder ganz neu in sie verliebt. Und als sich das Klima verbessert hatte, überwanden wir auch die Sprachlosigkeit zwischen uns. Wir redeten viel über die Vergangenheit und über die Fehler, die wir beide gemacht hatten. Dabei hat jeder eine Menge über den anderen erfahren. Und ich hätte es nie für möglich gehalten, dass meine Initiative, den Müll täglich rauszubringen, letztlich dazu geführt hat, dass wir wieder gemeinsam Spaß am Sex finden. Warum hat mich nicht jemand vor zwanzig Jahren darauf gebracht! Selbst die Kinder haben den Unterschied in unserer Ehe bemerkt. So sagte unser Zwölfjähriger vor Kurzem: ‚Ich weiß nicht, was zwischen euch beiden da abgeht, aber ich will euch nur sagen, dass ich's cool finde. Ich hatte schon so die Nase voll von eurem ständigen Gezanke und Gebrülle. Ich bin jedenfalls heilfroh, dass ihr wieder gut drauf seid.‘ Und dann erzählte er, was für eine Belastung es gewesen sei, in einem Haus zu leben, in dem es zwischen den Eltern nicht stimmt. Keiner von uns beiden hatte je bemerkt, wie schädlich sich unser Verhalten auf ihn ausgewirkt hatte. So nutzten wir die Gelegenheit, für unser Versagen um Vergebung zu bitten. Und jetzt bin ich froh, dass wir alle miteinander einen Neuanfang wagen können."

In den ersten Jahren einer Ehe ist es den Partnern geradezu ein Bedürfnis, einander ihre Liebe zu zeigen. Dabei gibt es jedoch ein Problem. Sie drücken ihre Liebe oft nicht so aus, dass der andere ihre Signale versteht. Für gewöhnlich richten wir uns danach, was die eigenen Eltern vorgelebt haben, oder wir lassen unsere Zuneigung so zum Ausdruck kommen, wie wir selber es mögen. Ein junger Mann erzählte mir, er habe im ersten halben Jahr seiner Ehe Monat für Monat seiner Frau einen Strauß mit zwölf Rosen geschenkt. Er habe es getan, weil sein Vater darin ein Vorbild für ihn gewesen sei. Erst nach diesen sechs Monaten fasste sie den Mut, ihm zu sagen, dass ihr Rosen nicht viel bedeuten – dass sie sogar allergisch darauf reagiere. Er war tief enttäuscht. Ein Geschenk, das seiner Mutter so viel Freude gemacht hatte, sagte seiner Frau nicht zu. Eine andere junge Frau brachte ihrem Mann eine Zeit lang immer am Samstagmorgen das Frühstück ans Bett, weil sie das bei ihrer Mutter gesehen hatte. Erst später fand sie heraus, dass er viel lieber am Tisch frühstückte.

Es nützt wenig, wenn wir es gut *meinen*. Wir müssen konkrete Fragen stellen, wenn wir herausbekommen wollen, was dem anderen wirklich etwas bedeutet! Was dem einen das Gefühl gibt, geliebt und umsorgt zu sein, lässt den andern völlig kalt. Und so kommt es, dass Paare alles tun, um den anderen von der eigenen Zuneigung zu überzeugen, und trotzdem fühlt sich keiner von beiden wirklich geliebt und wertgeschätzt.

Also reden Sie miteinander! Fragen Sie sich in regelmäßigen Abständen: „Was könnten wir tun, damit es unserer Ehe noch besser geht?" Wenn Sie dabei erfahren, dass ein Kurztrip am Wochenende einem von Ihnen sehr viel bedeutet, dann sollte der andere darauf eingehen. Planen Sie den Termin ein und sparen Sie die Kosten an. Erfahren Sie zum Beispiel, dass es für Ihre Frau ein echter Liebesbeweis wäre, wenn Sie sie regelmäßig am Wochenende ausführen würden, dann tun Sie alles, um einen Babysitter zu organisieren, damit Sie diesen Wunsch erfüllen können. Der Wunsch des Partners sollte uns genauso Befehl sein wie der Auftrag vom Chef.

Es sind manchmal die kleinen Dinge, die scheinbaren Nebensächlichkeiten, die darüber entscheiden, ob eine Ehe gelingt oder zerbricht. Und kluge Eheleute werden vorbauen. Sie interessieren sich dafür, was den Partner dazu bringt, sich geliebt, wertgeschätzt und respektiert zu fühlen. Und dann werden sie erfüllen, was der Ehemann oder die Ehrfrau sich wünscht. Das tut der Ehe gut, lässt Vertrautheit wachsen und sorgt dafür, dass die Kinder bei Eltern aufwachsen, die sich lieben und gegenseitig stützen. Welches größere Geschenk könnten wir unseren Kindern machen?

Vom Prinzip zur Praxis

1. Den Schutt wegräumen: Wenn Sie es nicht schon getan haben, dann nehmen Sie sich sobald wie möglich Zeit, um darüber nachzudenken, wie Sie zur Entfremdung in Ihrer Ehe beigetragen haben. Bitten Sie Gott, Ihnen zu zeigen, wann Sie sich im Ton vergriffen haben, wann Sie etwas Unrechtes getan haben und wann Sie dem anderen die kalte Schulter gezeigt haben. Bitten Sie gegebenenfalls Gott um Vergebung. Und wenn Sie all das erst einmal Gott bekannt haben, warum sollten Sie dann nicht auch zum Partner gehen und ihn um Vergebung bitten?

2. Das Eheversprechen erneuern: Haben Sie noch Ihr Eheversprechen im Fotoalbum oder in irgendeiner Schublade? Dann holen Sie es wieder einmal hervor, oder fragen Sie den Pastor von damals, ob er den Text noch hat. Sprechen Sie sich noch einmal diese Worte zu – in Gottes Gegenwart!

3. Sorgen Sie dafür, dass sich der Partner wirklich geliebt fühlt: Lassen Sie sich von den genannten Tipps inspirieren, um herauszubekommen, wodurch sich Ihr Partner geliebt und angenommen fühlt. Manchmal hilft es, ganz konkrete Fragen zu stellen. Gibt es Kritikpunkte, die Ihr Partner regelmäßig vorbringt? Lernen Sie daraus, was Ihrem Partner wichtig und bedeutungsvoll ist, denn was man kritisiert, das liegt einem am Herzen.

Halten Sie schriftlich fest, was Ihres Wissens der Partner als Zeichen der Liebe versteht und was ihm etwas bedeutet. Und erfüllen Sie regelmäßig, was ihm oder ihr so guttut!

Nachwort

*W*as ich Ihnen auf den wenigen Seiten dieses Buches vorgestellt habe, hat zahllosen Paaren geholfen, eine glückliche Ehe zu führen und gleichzeitig gute Eltern zu sein. Es war gewiss nicht Gottes Absicht, dass Kinder zur Belastung für eine Ehe werden. Andererseits können Kinder auch niemals eine Ehe retten. Starke Ehen entstehen nur dann, wenn Mann und Frau gemeinsam ihre Hände in Gottes helfende Hand legen. Er ist es schließlich, der die Ehe erdacht hat und dessen Absicht es noch immer ist, dass Kinder in Familien aufwachsen, in denen sich Mutter und Vater gegenseitig lieben, unterstützen und ermutigen.

Immer wieder beklagen sich Paare, es fehle ihnen Zeit und Geld, um beides in ihre Zweierbeziehung zu investieren. Aber diesen Einwand kann ich nicht gelten lassen. Wenn Sie Ihr Familieneinkommen und die verfügbare Zeit richtig verwalten und einsetzen, werden Sie sehr viel mehr machen können, als Sie im Augenblick glauben. Vielleicht haben Sie es ja noch niemals ausprobiert. Nur ein bisschen guter Wille muss allerdings vorhanden sein. In diesem Buch habe ich Ihnen so manchen praktischen Tipp gegeben, der Ihnen auf die Sprünge helfen kann. Wenn Sie die Anregungen beherzigen, werden Sie feststellen, wie viel Zeit Sie wider Erwarten zur Verfügung haben und wie viele finanzielle Mittel Sie für das, was wertvoll ist, einsetzen können – zum Wohl Ihrer Ehe. Ihre Zweierbeziehung wird sich positiv entwickeln – obwohl Sie Kinder großziehen! Was können Sie Besseres tun für Ihre Ehe *und* für Ihre Kinder? Ich lege Ihnen deshalb ans Herz, die Gedankenanstöße in diesem Buch als persönliche Herausforderung zu sehen. Und ich verspreche Ihnen: Es wird funktionieren!

Gedanken, die es wert sind, sich zu merken

◆ Wenn die vertraute Zweierbeziehung *und* die Elternschaft zu Gottes Konzept für die Menschheit gehören, dann muss es möglich sein, beides unter einen Hut zu bekommen.

◆ Was ist zu tun, damit die Ehe Priorität bei uns bekommt? Zunächst einmal heißt das, Bilanz zu ziehen und sich dafür genügend Zeit zu nehmen. In welchem Zustand ist unsere Ehe? Der nächste Schritt ist die bewusste Entscheidung, dass das Wohl aller in unserer Familie das Allerwichtigste ist – und dazu muss es unserer Ehe gut gehen. Dann können wir darauf vertrauen, dass es uns gelingt, mit Gottes Hilfe Vertrautheit und Nähe in unserer Beziehung zu stärken.

◆ Entscheidend ist, dass immer der etwas erledigt, der am geeignetsten dafür ist, damit alle Beteiligten ihre Fähigkeiten optimal zum Nutzen des Ganzen einsetzen können.

◆ Es gibt einen einfachen Grundsatz, durch den man in einer Ehe Konflikte vermeidet, egal wie hoch das Familieneinkommen ist: Investieren Sie Ihr Geld dort, wo Sie auch sonst Prioritäten setzen.

◆ Die besten Dinge im Leben sind oft kostenlos oder günstig zu haben. Ich denke da an einen Sonnenuntergang am Abend und einen Feldblumenstrauß als Geschenk. Kostenlos ist auch das goldene Laub im Oktober, der Gottesdienst am Sonntag, der gemeinsame Spaziergang und das Grillenkonzert am Abend im Garten.

◆ Das Wort *Erziehung* hat heute einen anrüchigen Klang. Man denkt an Ohrfeigen und Standpauken. Dabei sagt uns doch der gesunde Menschenverstand, dass Kinder ein Training brauchen, um in der Welt bestehen zu können. Ohne Erziehung zu einigen Grundformen der Disziplin würde man den Kindern Schaden zufügen, und Kinder können sich noch nicht selber disziplinieren.

◆ Der Erfolg im Leben hängt maßgeblich davon ab, ob man imstande ist, weise und umsichtige Entscheidungen zu treffen. Aber wie lernen die Kinder das? Es fängt alles damit an, dass man ihnen bei allen nötigen Grenzen Freiraum für Entscheidungen lässt.

◆ Wenn Vater und Mutter an einem Strang ziehen, entsteht zusätzlich ein freundliches Klima in der Ehe, das das Zusammengehörigkeitsgefühl stärkt. Die Eltern fühlen sich wohl in ihrer Rolle und freuen sich über ihre Kinder. Entscheidend ist, dass Sie miteinander reden, und das allein hat schon einen positiven Effekt.

- Die Bibel erwartet von einem Ehemann, dass er seine Frau so liebt, wie „Christus seine Gemeinde liebt, für die er sein Leben gab". Denken Sie daran, dass Christus die Gemeinde schon liebte, noch bevor die Gemeinde ihn liebte. Er liebte die Gemeinde, obwohl die ihn zurückwies. Und er liebte sie bis in den Tod.

- Von der Ehefrau wird erwartet, dass sie ihren Mann achtet. Das fällt den Frauen allerdings zunehmend schwerer in einer Gesellschaft, in der man sie ständig ermuntert, gegen ihre Männer aufzubegehren und sich selbst zu verwirklichen. Doch erst das Eingeständnis, voneinander abhängig zu sein und sich zu brauchen, führt zu einem echten Vertrauensverhältnis zwischen den Partnern.

- Es mag eine Weile dauern, bis Sie herausgefunden haben, wodurch sich der andere wirklich geliebt und angenommen fühlt. Anschließend sollten Sie das, was Sie entdeckt haben, auch noch eine Weile konsequent anwenden. Aber Sie werden damit Erfolg haben!

- Halten Sie Rückschau und fragen Sie sich: „Worüber hat sich mein Partner im Laufe der Jahre wiederholt beklagt? Womit hat er mir ständig in den Ohren gelegen?" Wenn er es tat, hat es Ihnen regelmäßig zu schaffen gemacht, und Sie haben sich darüber geärgert. Dennoch haben Sie dadurch wert-

volle Hinweise bekommen. Der Partner hat nämlich signalisiert, wodurch er sich geliebt und geschätzt
fühlt. Und wenn Sie diese Hinweise deuten können, eröffnet sich Ihnen eine ganz neue Sicht ins
Seelenleben Ihres Partners.

- ♦ Was dem einen das Gefühl gibt, geliebt und umsorgt zu sein, lässt den andern völlig kalt. Und so
kommt es, dass Paare alles tun, um den anderen von
der eigenen Zuneigung zu überzeugen, und trotzdem fühlt sich keiner von beiden wirklich geliebt
und wertgeschätzt. Also reden Sie miteinander!

Weitere Bücher von Gary Chapman

Streithähne & Turteltauben
ISBN 978-3-86827-041-9
96 Seiten, gebunden

In jeder Paarbeziehung gibt es Meinungsverschiedenheiten.
Doch sie müssen nicht zwangsläufig zu gegenseitigen Verletzungen
führen.
Allzu oft ist es nicht das Ziel des Streitens, den Konflikt zu lösen,
sondern den Streit zu gewinnen. Unglücklicherweise gibt es aber
bei jedem Wettkampf auch einen Verlierer. Eine Partnerschaft
funktioniert jedoch auf Dauer nur, wenn beide sich als Gewinner
fühlen. Doch wie kommt man zu solchen „win-win-Situationen"?
Gary Chapman verrät Ihnen, wie Sie Konflikte so lösen können,
dass Ihre Beziehung dadurch gestärkt wird. Mit seiner Hilfe werden
selbst aus den erbittertsten Streithähnen bald wieder Turteltauben.

Tonartwechsel in der Ehe
ISBN 978-3-86827-000-6
96 Seiten, gebunden

Ob Morgenmuffel oder Meckertante – was sich durch die
rosarote Brille der ersten Liebe wie ein liebenswürdiger Tick
ausnimmt, verwandelt sich mit den Ehejahren häufig in eine
unerträgliche Marotte.
Doch Sie haben die Möglichkeit, einen Tonartwechsel in Ihrer
Ehe herbeizuführen! Ob Sie aus der Vergebung leben, die
Liebessprache des anderen lernen oder ihn auf dem Weg der
Veränderung unterstützen – Dr. Chapman zeigt Ihnen, wie Sie
die Vorzeichen in Ihrer Ehe ändern und von einem melancholi-
schen Moll in ein fröhliches Dur wechseln können.

Bestseller von Gary Chapman

Die fünf Sprachen der Liebe
ISBN 978-3-86122-126-5
160 Seiten, Paperback

Jeder Mensch hat eine bestimmte Art, Liebe zu empfangen und weiterzugeben: seine Liebessprache. Um die Liebe lebendig zu halten, ist es notwendig, die Sprache des anderen zu lernen. Entdecken Sie Ihre eigene Liebessprache und die Ihres Partners!

Weil unsere Liebe wachsen soll
ISBN 978-3-86122-999-5
176 Seiten, Paperback

Eine glückliche Beziehung fällt einem Paar selten in den Schoß. Manchmal kann sie richtig anstrengend sein. Gary Chapman gibt Verlobten und Verheirateten wertvolle Tipps für ihre Arbeit an der „Beziehungskiste".

**Die fünf Sprachen der Liebe
für Familien**
ISBN 978-3-86122-931-5
400 Seiten, gebunden

So wird Ihr Familienleben stabiler, ausgeglichener und herzlicher! Alltagsnahe Übungen garantieren, dass es nicht beim „Wissen wie" bleibt. Tests für Paare und Eltern zeigen, in welcher Richtung Sie weiterkommen.